논·술·한·국·대·표·문·학

36

임진록·징비록

작가미상 | 유성룡

훈민출판사

임진왜란의 전투 장면을 그린
그림들.
왼쪽은 〈부산진 순절도〉,
오른쪽은 〈동래부 순절도〉

The Best Korean Literature

충장사. 권율 장군의 공덕을 기리기 위해 건립하였다. (경기도 고
양시 행주산성 소재)

임진왜란 당시의 의병활동.
〈임진록〉은 임진왜란의 패배감을 보
상받고자 씌어진 작품이다.

일본 교토의 긴가쿠 사. 임진왜란을 일으
킨 도요토미 히데요시의 신사가 있다.

충장공 권율 도원수상
(경기도 고양시 행주산성 소재)

권율. 임진왜란 때 행주대첩을 승
리로 이끌었다.

칠백의총. 임진왜란 때 왜군과
싸우다 전사한, 조헌을 비롯한 7
백 명의 의로운 죽음을 모셔
놓은 곳이다.

곽재우 문집. 곽재우는 임진왜란 때 의령에서 의병을 일으켜 전공을 세웠다. 붉은 옷을 입고 의병들을 지휘하여 홍의 장군이라고도 불렸다.

The Best Korean Literature

유성룡 유물. 유성룡은 임진왜란이 끝난 후 전쟁의 원인과 상황을 기록한 〈징비록〉을 썼다.

유성룡 생가 터. 유성룡은 임진왜란 때 영의정으로 있으면서 군사 일을 총괄했다.

구인환(丘仁煥)

서울대학교 사범대학 졸업. 동 대학원 졸업(문학박사)
서울대학교 명예교수, 소설가(현). 서울대학교 사범대학 국어교육연구소 소장(현)
문학과문학교육연구소 소장(현). 국제펜 한국본부 부회장(현)
한국소설문학상(1987) 예술문화대상(1994) 한국문학상(2000)
작품 〈숨쉬는 영정〉, 〈살아 있는 날들〉, 〈일어서는 산〉 외 다수

• **저서** ≪한국단편소설의 이해≫, ≪한국현대소설의 비평적 성찰≫,
　　　　≪고교생이 알아야 할 소설≫, ≪고교생이 알아야 할 세계단편소설≫ 외 다수

윤병로(尹柄魯)

성균관대학교 국어국문학과 졸업. 동 대학원 졸업(문학박사)
성균관대학교 교수, 문학평론가(현). 한국현대소설학회장(현)
한국문예학술저작권협회 이사(현). 한국간행물윤리위원회 위원(현)
한국펜 문학상(1987). 한국문학상(1988). 대한민국문학상(1989)
수필집 ≪나의 작은 애인들≫

• **저서** ≪현대 작가론≫, ≪한국 현대 소설의 탐구≫,
　　　　≪한국 근대 작가 작품 연구≫, ≪한국 현대작가의 문제작 평설≫ 외 다수

홍성암(洪性岩)

고려대학교 국어국문학과 졸업. 한양대학교 대학원 국어국문학과 졸업(문학박사)
동덕여자대학교 교수, 소설가(현). 한국문인협회 회원(현)
한국소설가협회 이사(현). 국제펜 한국본부 소설분과 이사(현). 한민족 문화학회 회장(현)
창작집 ≪큰 물로 가는 큰 고기≫, ≪어떤 귀향≫ 외
대하역사소설 ≪남한산성≫(전9권) 외 다수

• **저서** ≪문학의 이해≫, ≪현대 작가론≫, ≪한국 근대 역사소설 연구≫ 외 다수

기획 · 감수

〈임진록〉의 한글본

논술 한국대표문학을 펴내며

　21세기의 사회는 '전자 문명 시대'라 일컬어질 만큼 오늘날 전자 산업은 우리 생활의 거의 모든 분야에 다양하게 응용되고 있습니다. 출판 분야 또한 예외는 아니어서, 종래의 서책(Book) 대신에 이른바 '전자책(CD-ROM)'의 출간이 최근 들어 날로 증가하고 있습니다.

　그러나 이러한 전자책은 영상 또는 모니터상으로 흥미 위주나 백과사전식 지식을 습득하는 데는 효과적일지 모르지만, 문학 공부를 위해서는 별로 도움이 되지 않습니다. 바꾸어 말하면, 문학 공부는 각 지면마다 살아 숨쉬는 표현 하나하나를 독자 자신의 머리로 음미하면서 작품을 읽어 나가는 가운데, 풍부한 상상력의 배양과 함께 작가의 의도와 그 작품의 내면을 깊이 있게 이해함으로써 이루어지는 것입니다.

　이에 훈민출판사에서는, 자라나는 학생들이 범람하는 영상 매체에 길들여지기 전에, 어려서부터 유명한 세계문학 작품들을 책자를 통하여 감명 깊게 읽고 감상함으로써, 올바른 문학 공부의 기틀을 다지고, 아울러 전인 교육도 할 수 있도록 《논술 한국대표문학(전60권)》을 펴내게 되었습니다.

　작품 선정은, 초 · 중 · 고등학교 국어 교과서와 역사 교과서에 실리거나 소개된 문학 작품을 중심으로 하되, 그리스 신화와 성경 이야기 등의 고전에서부터 중세 · 근대 · 현대에 이르기까지 세르반테스 · 셰익스피어 · 톨스토이 등 세계 유명 작가들의 장 · 단편 소설들을 엄선 · 수록하였습니다. 또 세계의 명시도 별권으로 엮었으며, 특히 각 단락마다 '논술 문제'를 제시하여, 장차 대학입시를 비롯한 각종 '논술 고사'에 예비 지식을 쌓을 수 있도록 배려하였습니다. 아무쪼록, 이 《논술 한국대표문학(전60권)》이 자라나는 학생들에게 문학 공부의 주춧돌이 되고, 나아가 미래를 살아가는 데 정신적 자양분이 되기를 진심으로 바라 마지않습니다.

훈민출판사

차례

임진록

작가 미상

임 진 록

조선 선조 대왕이 나라를 다스릴 때, 외적의 침입이 없어 나라는 평온하고 백성들은 힘써 일해 풍년을 노래하니 그야말로 태평성대였다.

임진년 정월 어느 날——.

대왕께서 책을 읽으시다가 잠깐 졸으셨다. 이 때 한 여자가 기장을 가득 넣은 자루를 머리에 이고 들어와 대왕 앞에 내려 놓았다.

"그게 무엇인고?"

그러나 여인은 대답하지 않고 물러가 버렸다. 대왕이 놀라 벌떡 일어나니 한바탕 꿈이었다.

대왕께서는 크게 이상하게 여기어 뭇 신하들을 모이게 하고 꿈 이야기를 하였다. 그리고 신하들을 돌아보고 물으셨다.

"경들은 이 꿈을 해몽해 보라."

그러자 영의정 최일령이 엎드려 아뢰었다.

"신이 해몽해 보겠나이다."

"어서 말해 보오."

"신이 보건대 가장 불길하옵니다."

대왕께서는 듣고 놀라시어 급히 물으셨다.

"왜 불길한지 어서 까닭을 얘기해 보오."

최일령이 엎드린 채 자세히 여쭈었다.

"신이 해득한 바로는 인변에 벼 화하고, 그 아래 계집 녀자가 붙었으니 이 글자는 왜자이옵니다. 아마도 왜놈이 곧 쳐들어올 것인가 하옵니다."

대왕께서 듣고 크게 노하시어 꾸짖으셨다.

"그 무슨 요망한 소리인가? 시절이 이렇게 태평하거늘 어찌 요사스러운 말을 하여 인심을 소란케 하고 짐의 마음을 불안케 하느뇨?"

이어 금부도사를 불러 명하였다.

"최일령을 멀리 귀양보내도록 하라."

최일령은 엎드려 사죄했다.

"신이 아는 것이 없사와 요망한 말을 하였으니 그 죄는 만번 죽어도 갚지 못할 것이옵니다. 하오나 엎드려 비오니 폐하의 너그러우신 용서만 바라겠나이다."

그러나 대왕께서는 도리어 역정을 내었다.

"무슨 잔말이 이렇게 많은가? 어서 빨리 적소로 가라."

이에 최일령은 눈물을 흘리며 물러나 귀양지로 갔다. 하지만 만고 충신 최일령은 불평하지 않고 오직 대왕의 안위만 생각하며 보냈다.

세월은 흘러 임진년 춘삼월이 되었다. 온갖 꽃들이 활짝 피고, 풀들은 바람에 하늘하늘 흔들리니, 최일령은 자기도 모르게 고향이 생각나 마음이 어지러웠다.

이에 근처에 있는 한 정자에 올라가 산천을 구경하며 시름을 잊으려고 하였다.

바로 이 때——.

갑자기 바람이 크게 일어나며 멀리 보이는 수평선 위로 커다란 돛을 단 배 백여 척이 나타났다.

최일령은 크게 놀라 급히 정자에서 내려와 그 고을을 다스리는 동래 부사를 불러 말했다.

"적의 배가 쳐들어오니 그대는 어서 군사를 이끌고 나가 막으라."

비록 귀양은 와 있지만 최일령은 임금 다음의 지위까지 올랐던 대신이니 동래 부사는 즉시 명을 받들었다.

"분부대로 하겠습니다."

동래 부사는 황급히 군사를 모으고 한편으로는 임금께 올리는 글월을 써서 보냈다.

이 때 적의 배는 벌써 강변에 닿았다. 배에서 새까만 갑옷을 입은 왜병들이 개미 떼처럼 몰려나왔다.

왜군의 장수 소서가 칼을 들고 강변으로 뛰어나오며 벽력같이 외쳤다.

"조선 동래 부사는 빨리 나와 내 칼을 받으라!"

동래 부사 송상현이 크게 노하여 장창을 들고 달려들었다.

그러나 아뿔싸!

소서의 칼이 번뜩 하더니 송상현은 피를 뿜으며 쓰러졌다. 이를 본 왜군 대장 청정이 크게 기뻐하여 북을 울리고 군사들을 진격시켰다.

그 군사가 거의 칠십만 명이고 용맹스런 장수가 수만 명에 달하니 동래를 지키던 조선 군사들은 더 이상 대항하지 못하고 모두 도망쳤다. 동래를 점령한 청정은 장대에 높은 곳에 앉아 휘하 장병들에게 큰 소리로 명령을 내렸다.

먼저 소서를 불러 이르기를,

"그대는 강원도 원주를 친 후 평안도로 올라가라."

하고, 이어 동경청을 불러 명령했다.

"그대는 전라도를 친 다음 김해에 있는 군량을 우리 군사에게 수송토록
하라."

하고 군사 일만 명과 장수 천 명을 주었다.

또 문경을 불러 명령했다.

"그대에게는 군사 오만 명과 장수 삼천 명을 줄 것이니 충청도 영동을 치고, 함경도 이십육 주를 치도록 하라."

문경이 명을 받고 나가자 이번에는 부경이 들어왔다.

"그대는 강원도 십팔 주를 치고 군량을 각처로 운반토록 하라."

하고는, 군사 이십만 명과 용장 삼천 명을 내 주었다. 다만 마룡을 불러 정병 일만 명과 용장 천 명을 주며 명했다.

"그대는 전라도를 친 다음 황해도로 가라."

흉악하게 생긴 평수길이 앞에 대령했다.

"그대는 군사 오만 명과 장수 삼천 명을 거느리고 경상도를 석권하라."

마지막으로 뭇 장수들에게 엄히 분부했다.

"나, 청정은 남은 장수와 군졸들을 거느리고 경상 우도로 짓쳐 들어갈 것이다. 거기를 평정한 다음에는 충청 좌도로 쳐들어가겠다. 소서는 충청 우도를 친 다음, 다음 목적지인 경기도로 가라. 조선 왕을 항복시킨 후에 나 청정은 조선 왕이 되어 그대들에게 일품 벼슬을 주리라."

그러자 뭇 군졸들과 여러 장수들이 환호성을 지르며 화답했다.

"만약 명령을 어기는 자가 있으면 군법으로 엄히 다스릴 것이다."

청정이 즉시 출발하라고 명령하니 왜군은 조선 팔도로 짓쳐 들어갔다. 깃발과 창검이 햇빛에 번쩍이고 고각(북과 나발)과 함성이 천지를 진동시키니 어찌 놀랍지 않으랴.

조선 팔도의 백성들은 여지껏 평화스럽게 지내던 중 아닌 밤중에 홍두깨 격으로 난을 당했다.

"왜놈이 쳐들어왔다!"

"어서 피란하자!"

백성들은 남녀노소 구별 없이 서로 붙들고 통곡하며 피란길에 나섰지만 어찌 무사하겠는가.

처절한 울음소리가 산천 여기저기서 울려 나니 그 가련한 광경은 차마 눈뜨고 볼 수가 없었다.

이 때 왜장 소서는 군사를 풍우같이 몰아 강원도로 향했다. 왜놈들이란 원래 성질이 포악한데다 장수 되는 소서가 용맹을 한껏 떨치니 조선 군사가 그 앞에서 낙엽처럼 흩어져 달아났다.

흡사 무인지경처럼 소서가 강원도를 휩쓸어 들어가던 어느 날이었다.

전령이 와서 무릎을 꿇고 아뢰었다.

"장군, 본국에서 편지가 왔나이다."

"오, 편지라고? 누구한테서냐?"

"장군의 매씨 되는 분이옵니다."

"누이동생이? 어디 보자."

소서는 전령이 바치는 누이동생의 편지를 보았다.

　　　번거로운 인사말 줄이옵고 용건만 말씀드리겠습니다. 부디 소나무 송자 있는 곳에 가지 마십시오. 만일 송자 있는 곳을 가면 크게 패할 것입니다. 부디 잊지 마십시오.

누이동생 올림

편지를 읽은 소서는 크게 놀랐다. 그의 누이동생은 앞날에 일어날 일을 귀신같이 알아맞히는 재주가 있는지라 평소에도 늘 이런 충고를 아끼지 않았던 것이다.

"송자 있는 곳을 가지 말라…… 대체 어느 곳일까?"

소서는 중얼거리다가 휘하의 장수들을 불러 놓고 물었다.

"내 누이동생이 주의를 주었다. 송자 있는 마을에는 가지 말라고 하니 대체 어느 곳인가?"

그러자 조선 지리에 밝은 한 장수가 앞으로 나와 아뢰었다.

"송자가 있는 곳이라면 분명히 청송과 송도를 가리키는 것입니다."

"청송과 송도라고? 그렇다면 우리 군사를 그 곳으로 보내지 말라."

이에 소서는 청송과 송도를 일부러 피해 군사를 몰았다.

한참 진격하는데 앞길에 제법 많은 조선 군사들이 진을 치고 기다렸다. 바로 강원 감사 이래의 군사였다.

그러나 그 동안 태평성세를 즐기느라 훈련을 쌓지 않은 조선 군사들이 어찌 조총으로 무장한 왜군을 당해 낼 수 있겠는가.

단 한번의 싸움으로 조선 군사들은 수많은 사상자를 내고 도주해 버렸고, 강원 감사 이래는 장렬하게 전사했다.

삽시간에 강원도를 짓밟은 소서는 쉬지 않고 평안도로 북상했다.

왜적이 쳐들어온다는 소식을 들은 평안 감사 이공태는 크게 놀라 각 고을의 군사를 모아 대비했다.

하지만 모여든 병사 역시 오랫동안 평화로운 세월을 보낸 탓으로 몸이 둔하고 창칼 역시 녹슬어 있었다.

그러니 기세등등한 소서의 군사를 어찌 막으랴.

이공태가 필사적으로 군사를 독려하여 맞아 싸웠으나 역부족이었다.

"적장은 나의 칼을 받으라!"

이공태는 온몸에 피를 뒤집어쓰고 단신으로 소서에게 달려들었다.

"흥, 가소롭구나!"

소서는 껄껄 웃더니 장검을 풍차처럼 휘둘렀다. 그러자 칼날이 번뜩 하더니 이공태가 피를 뿜으며 말 위에서 떨어졌다.

대장이 죽으니 군사들은 사방으로 흩어져 달아났다. 의기양양해진 소서는 군사들을 이끌고 평양성에 입성했다. 미처 피란가지 못한 수많은 백성들은 악귀처럼 날뛰는 왜군에 의해 무참하게 죽었다.

소서가 평양 감영 높은 자리에 앉아 한창 군사들을 호령하고 있을 때, 한 여자가 잡혀 들어왔다.

여인을 바라본 소서는 자기도 모르게 벌떡 일어섰다. 버들 같은 눈썹, 앵두 같은 입술, 오똑한 콧날, 하늘하늘한 버들허리는 그야말로 양귀비가 무색할 지경인 절세가인이었다.

소서는 갑자기 눈이 게슴츠레해지며 목소리 또한 한껏 부드러워졌다.

"웬 여인이냐?"

소서가 묻자 군졸이 땅에 엎드려 아뢰었다.

"예, 이 곳 평양 기생 월천이라 하옵니다."

"월천이라고? 과연 천하 일색이로다. 오늘부터 내게 수청을 들라."

왜장의 명령이니 그 누가 거역할 수 있으랴.

소서는 그 날부터 월천을 첩으로 삼아 평양에서 경치가 제일 아름다운 연광정에서 밤낮을 가리지 않고 노래와 춤으로 세월을 보냈다. 한편 다른 왜장들도 조선 팔도에 흩어져 닥치는 대로 사람을 죽이고 재물을 빼앗으니 곡성이 하늘 끝까지 울려 퍼졌다.

왜군 총대장 청정은 경상도를 삽시간에 짓밟고 조령에 닿았다.

조령에서 별장이 군사를 이끌고 청정의 군사들을 막으려고 대기하고 있었다. 조령은 산이 높고 험악하여 지키기에는 쉽고 깨뜨리기는 어려웠다. 또한 이 곳은 서울로 통하는 관문이라 매우 중요한 요새였다.

그러나 조총을 탕탕 쏘며 물밀듯이 쳐들어오는 왜군 앞에 별장은 변변히 싸우지도 못하고 청정의 칼날 아래 이슬이 되었다.

이렇게 되니 왜군의 진격을 막을 장수가 그 누가 있겠는가.

이 때 재상 벼슬에서 이미 은퇴한 이순신은 미리 왜군이 쳐들어올 줄 알고 준비하고 있었다.

새로 발명한 거북선으로 이순신은 왜군이 바다로 밀려 들어오자 거북선 수천 척을 몰고 싸우러 나갔다.

거북선 안에는 맹렬히 훈련을 쌓은 용맹한 군사 수만 명이 숨어 있었다. 또한 거북선 좌우에는 구멍이 무수히 나 있어 안에서 밥을 지을 때 나는 연기가 배 입을 통해 나가도록 되어 있었다.

그러니 그 누가 보아도 어마어마하게 큰 거북이 물위에 떠다니며 흰 안개를 뿜어 내는 모습이었다.

왜군들은 거북선을 보자 그만 대경실색해 버렸다.

"괴상하게 생긴 배다!"

"괴물이 나타났다!"

군졸들이 무서워 도망치려고 하자 왜장은 급히 명령을 내렸다.

"총과 화살을 쏴라!"

그러자 왜군들이 총과 활을 무수히 쏘아 댔다. 하지만 거북선 등은 철판으로 깔려 있는지라 총알과 화살이 도저히 뚫고 들어가지 못했다.

수천 척의 거북선이 검푸른 바다 위를 떠다니며 일제히 포를 쏘니, 흡사 벼락이 떨어지는 듯한 소리가 났다. 이에 비오듯이 화살이 날고 대포알이 적선을 깨뜨렸다.

왜군들은 피하지도 못하고 비명을 지르며 무수히 죽어 갔다.

청정이 이를 보자 크게 놀라 부하들을 재촉했다.

"어서 저 거북선을 막으라!"

대장의 명령이라 왜군들은 죽음을 각오하고 총과 화살을 쏘는데 마치 소나기가 쏟아지는 듯했다.

그러나 거북선은 끄덕도 하지 않고 도리어 입으로 안개를 토하고 등의 구멍에서는 화살이 마구 쏟아지니 왜군의 시체는 바다로 새까맣게 떨어졌다.

"안 되겠다, 어서 후퇴하라!"

청정은 도저히 당할 수가 없어 후퇴 명령을 내리고 산으로 올라갔다.

이에 이순신은 삼 척 장검을 짚고 우레같이 호통쳤다.

"왜적은 한 놈도 남기지 말고 섬멸하라! 어서 추격하라!"

용기백배한 조선 군사들이 적을 뒤쫓아가 창칼을 휘둘러 치니 적의 시체가 삽시간에 산을 이루고 흐르는 피는 내를 이루었다.

이순신의 거북선은 가는 곳마다 왜적을 무찔러 남해에서는 적선의 그림자조차 발견할 수가 없었다.

이순신은 적을 뒤쫓아 어느덧 한산도에 닿았다. 여기서 군사들을 잠시 쉬게 하고 정탐꾼을 보내 왜적의 동정을 살피게 했다.

이윽고 밤이 되어 둥근 달이 두둥실 떴다. 이순신은 밤의 경치를 살피다가 나라의 운명이 걱정되어 시조 한 수를 읊었다.

한산섬 달 밝은 밤에 수루에 홀로 앉아
큰 칼을 옆에 차고 깊은 시름 하는 적에
어디서 일성호가는 나의 애를 끊나니.

이튿날 새벽──.

왜적의 동정을 살피러 나갔던 정탐꾼이 돌아와 아뢰었다.

"아뢰옵나이다. 적의 배 수백 척이 이리로 오고 있나이다."

이순신은 보고를 듣자 즉시 장졸들을 모아 놓고 명을 내렸다.

"왜적이 다시 쳐들어온다고 한다. 한 척도 남김 없이 물속에 장사지내게 하라."

명령을 내리고 이순신은 사당으로 홀로 들어가 하늘에 간절히 기도를 드렸다.

'하늘이시여! 제 한 목숨을 바치겠사오니 왜적을 남김 없이 섬멸케 해 주옵소서.'

그런 후 전포를 입고 은빛 투구에 삼 척 장검을 찼다.

거북선에 올라 진군의 북을 치니 수천 척의 거북선이 위풍당당하게 나아갔다.

한 시간쯤 바다로 나가자 왜적의 배가 개미 떼처럼 달려들었다.

"장병들은 들어라! 왜놈들을 하나도 살려 보내지 말라!"

이순신은 삼 척 장검을 빼어 들고 벽력같이 외쳤다.

드디어 양쪽 배가 맞붙어 화포 소리가 천지를 진동하며 총 쏘는 소리가 콩 볶듯이 일었다.

그러나 왜적들이 어찌 거북선을 당할 수 있으리요. 그들은 처음에는 숫자를 믿고 제법 용맹스럽게 달려들었으나 화포에 맞아 머리가 으깨지고, 소낙비처럼 쏟아지는 화살에 속속 물고기 밥이 되었다.

"한 놈도 살려 보내지 말라!"

이순신은 친히 북채를 잡고 군사들을 독려했다.

왜장 청정은 이를 보자 부하들에게 은밀히 일렀다.

"이순신을 쏘아 죽여라. 그러면 우리가 이길 수 있다."

이에 왜군 중에서 총을 잘 쏘는 자가 배를 가까이 몰아 이순신을 노리고 조총을 쏘았다.

"타앙——."

귀를 찢는 듯한 총소리가 났다. 이 순간 왜병이 탄 배는 거북선에서 쏜 화포를 맞고 산산조각이 나 버렸다.

그러나 이 무슨 하늘의 시기심이란 말인가.

적의 총알이 날아와 가슴을 정통으로 맞히는 바람에 안타깝게도 이순신은 그만 그 자리에 쓰러지고야 말았다.

"장군님!"

옆에 있던 휘하 장병들이 놀라서 달려와 부축했다.

이순신은 손을 내저으며 영을 내렸다.

"어서 방패로 나를 가려라. 그리고 내가 죽었다는 것을 군사들에게 알리지 말라. 계속 북을 울려 군사들을 독려하라……."

말을 마친 이순신은 자는 듯이 눈을 감았다.

이에 휘하 장졸들은 치밀어 오는 통곡을 억지로 죽여 참고 이순신이 시키는 대로 했다.

이순신의 조카 이완이 더욱 힘차게 북을 치니, 대장의 죽음을 아직 모르는 군사들은 용맹을 떨쳐 닥치는 대로 적을 베고 찔렀다.

바다는 온통 왜적의 시체들로 가득 찼다. 푸른 바닷물조차도 왜적의 피로 붉게 물들었으니 실로 귀신이 보고 놀라 달아날 지경이었다.

왜장 청정은 자기편 배가 불과 수 척밖에 남지 않자 혈로를 뚫고 간신히 목숨만 건져 도망쳤다.

"이겼다! 우리가 이겼다."

"왜적을 모두 쳐부쉈다. 만세!"

군사들은 환호성을 지르며 기뻐했으나 그것도 잠깐이었다. 이순신이 적의 탄환을 맞고 세상을 떠났다는 소식이 알려졌기 때문이다.

"장군이 가시다니…… 이 무슨 청천벽력이란 말인가!"

"하늘도 무심하구나!"

왜적을 물리쳤다는 기쁨은 삽시간에 통곡으로 변하였다.

군사들이 이순신 장군의 유해를 모시고 돌아올 때 통곡하는 소리가 멀리 왜국에까지 들렸다.

왜장 청정은 간신히 목숨을 건지고 숨어 있다가 이 소식을 들었다. 그러자 청정은 너무 기쁜 나머지 춤을 덩실덩실 추며 외쳤다.

"이제는 조선에 명장이 없으니 조선을 빼앗기는 손바닥 뒤집기보다 쉬
우리라."

하고는 흩어진 군사들을 모아 바로 서울로 향했다. 하늘이 보낸 장수
이순신이 죽었으니 그 누가 왜적을 막을 수 있으랴.

진주 병사 양익태와 경상 감사 이짐이 필사적으로 왜군을 막으려고 했
으나 도리어 많은 군사만 죽이고 항복했다.

기세등등한 청정은 다음으로 상주를 쳤다.

상주 목사 남덕천인들 어떻게 막겠는가. 청정의 칼날 아래 속절없이 목
숨을 잃고 군사들은 모두 죽거나 도망쳤다.

삽시간에 경상도를 짓밟은 청정은 휘하 장병들에게 영을 내렸다.

"칠십일 주에 있는 군량을 급히 수송하라."

이어 조령을 넘어 충청도를 쳤다.

이 때 조선 명장 신립 장군은 충청도 군사들을 이끌고 왜적의 침입에
대비하고 있었다.

신립 장군은 군사적 요충지인 조령산성에다 진을 펼치려고 했다. 그러
나 한 여인이 홀연히 나타나 신립 장군에게 엎드려 아뢰었다.

"장군께 아뢰나이다. 이 곳에다 진을 치면 반드시 패할 것이니 고개 아
래 강변에 있는 탄금대에다 진을 치옵소서. 그러면 반드시 승전할 것이
옵니다."

장군이 놀라 깨어 보니 한바탕의 꿈이었다. 신립은 속으로 생각하기를,
'이것은 하늘이 지시한 것이다.'

하고, 군사들에게 영을 내려 탄금대에다 진을 치라고 명령했다. 휘하 장
졸들은 대장의 이와 같은 명령에 불평이 대단했지만, 군령이 엄한 터라
명령대로 탄금대에다 배수진을 쳤다.

장졸들의 근심스러운 표정을 보자 신립은 웃으며 큰 소리로 말했다.

"그대들은 걱정하지 말라. 우리가 물을 등지고 이렇게 배수진을 치면 뒤로 물러날 수가 없으므로 목숨을 걸고 싸울 수 있을 것이다. 그 옛날 한신이 조군을 대파한 것이 바로 이 배수진이니 염려 말라."

이 때 청정이 조령을 넘어 신립의 진을 보고는 크게 기뻐했다.

"조선에 장수가 없음을 가히 알겠도다. 신립이 조령에서 우리를 막지 아니하고 강변에 배수진을 치다니 정말 우습도다. 신립이 그 옛날 한나라의 한신을 본받아 배수진을 친 것 같은데 어찌 나를 당하리요."

청정은 즉시 공격 명령을 내렸다.

"단숨에 저 배수진을 깨뜨려라!"

그러자 왜졸들은 언덕에서 조총을 콩 볶듯이 쏘아 대며 개미 떼처럼 몰려 내려갔다.

슬프다!

칼창과 활밖에 없는 조선 군사 십만 대병은 신병기인 조총 앞에 가을철의 나뭇잎처럼 쓰러졌다.

비명 소리, 총소리, 물에 빠지는 소리…….

뒤는 시퍼런 강물이니 어디로 몸을 피할 수 있단 말인가.

십만 대병은 손 한 번 제대로 놀리지 못하고 허무하게 죽으니 시체가 산을 이루고 강물이 피로 시뻘겋게 물들었다.

"하늘이여, 이 무슨 변이란 말씀입니까!"

신립은 하늘을 우러러 깊이 탄식하고 자기도 강물에 몸을 던져 죽으니, 여지껏 쌓아 올린 무명(무인으로서의 명예)이 하루아침에 허물어졌다.

청정이 승전고를 높이 울리고 단숨에 강을 건너니 백성들이 놀라 통곡하며 어지럽게 도망쳤다.

청정은 쉬지 않고 군사를 몰아 충주 목사 지군을 베고, 병사 문명마저도 한칼에 무찌르고 경기도로 들어갔다.

기세 등등한 왜군의 진격을 당할 자는 아무도 없었다. 이 때가 임진년 사월이었다.

충청 감사가 임금께 장계를 올리거늘, 펼쳐 보니 이러했다.

왜적의 세력이 너무 강하여 칠십만 대병이 물밀 듯이 쳐들어왔나이다. 동래 부사가 죽음으로 맞아 싸웠으나 소용이 없었나이다. 왜적은 지금 각 도로 짓쳐들어가니 조선 팔도가 위험하나이다. 왜적의 대장 청정과 소서는 그 용맹이 너무 뛰어나 삼국 시대의 조자룡이라도 해내지 못할 듯하옵니다. 폐하께서는 통촉하시옵소서.

이어 경기 감사의 장계가 당도했다.

왜적은 경기도 칠십일 주를 항복시키고 곧바로 충청도로 쳐들어왔나이다. 신립의 십만 대병이 이를 맞아 싸웠으나 모조리 죽고 대장 신립도 물에 빠져 자결했나이다. 승승장구한 왜적은 충청도로 들어가 충주 목사와 병사를 죽이고 서울로 향하오니 바라옵건대 폐하께서는 군사를 내어 왜적을 막으소서.

장계를 보신 임금께서는 크게 놀라시었다.

"최일령이 꿈을 해몽한 것이 꼭 들어맞는구나. 그런데도 짐은 그것을 모르고 오히려 충신을 귀양 보냈으니 어찌할꼬……."

임금께서는 즉시 좌우 대신을 둘러보고 하문하였다.

"누가 나가서 능히 왜적을 대적하겠는가?"

신하들은 머리를 숙이고 있을 뿐 누구 한 사람 입을 열지 못했다. 그도 그럴 것이 조선 제일의 명장이라고 자타가 공인하는 신립이 단 한 번의 싸움에서 허무하게도 패해 죽었다고 하니, 그 누구라서 어찌 간담이 서늘하지 않겠는가.

임금께서 보시고 용상을 치며 탄식하였다.

"왜란을 당했는데 안으로 용장이 없고, 밖으로 왜적의 세력이 크게 강성하니 그 누가 나가서 왜적을 맞겠는가? 종묘 사직과 곤경에 빠진 백성을 구하여 짐의 근심을 덜게 할 인재는 없는고?"

그러자 포도대장 정출남이 앞으로 나와 엎드려 절하며 아뢰었다.

"신이 비록 재주는 없사오나 왜적을 무찔러 전하의 근심을 덜어 드리겠나이다."

"오오, 장한지고."

임금께서는 크게 기뻐하시어 즉시 군사 오만 명과 장수 오십 명을 주시며 분부하셨다.

"경은 군사를 이끌고 어서 나가 왜적을 무찌르고 짐의 근심을 없게 하라."

이에 정출남이 어명을 받들고 남대문을 나와 여러 장수들에게 임무를 맡겼다.

칼을 잘 쓰는 김여춘을 선봉장으로 삼고, 창을 잘 쓰는 백여철로 중장군을, 남익신으로 우익장을 삼았다. 또한 좌선봉에는 기운이 장사인 양희발, 후군장에는 지략이 뛰어난 김치운이 군사를 거느렸다.

그리고 남은 장졸들에게도 각기 소임을 맡긴 후에 정출남은 푸른 털빛을 가진 말에 높이 올라타고 진군을 했다. 손에는 거의 칠십 근이 나가는 장창을 비껴 들고 군사들에게 엄히 분부했다.

"강토를 침범한 왜적을 무찔러 이 나라를 지킬 것이다. 만일 영을 어기는 자가 있으면 군법으로 엄히 다스릴 것이다."

정출남이 군사를 이끌고 충주로 내려오니 왜적이 이미 포진하고 있었다. 적진을 바라보니 군세가 매우 웅장했다.

창칼이 햇빛에 번쩍이고 어깨에 둘러멘 조총이 위압감을 주니 조선 군사들은 겁을 먹지 않을 수 없었다.

청정은 운천동으로 좌익장을 삼고 그 밖의 장수들에게도 각기 소임을 맡긴 후에 대포를 한 방 크게 쏘게 했다.

그러자 왜군이 분주히 흩어져 한 개의 진을 치니 팔만금사진이었다.

정출남이 이를 보자 한바탕 크게 웃었다.

"하하하……! 왜놈들도 제법 진법을 펼칠 줄 아누나."

이어 깃발을 흔들어 오행진을 치고 중군장 백여철로 하여금 진세를 지키게 했다.

정출남은 진세가 갖추어지자 말을 타고 앞으로 나아가 크게 외쳤다.

"적장은 들으라. 네 아무리 도리를 모른다 한들 하늘의 의로움을 모르고, 분수에 맞지 않게 동방예의지국을 침범하였으니 그 죄를 논하면 백 번 죽어도 죄를 씻지 못할 것이다. 불행한 백성들만 죽이지 말고 어서 나와 칼을 받아라. 우리 전하께서 나로 하여금 너의 왜적을 모조리 죽이라 명하옵기에 어명을 이행하려고 왔으니 어서 나와 내 칼을 받아라."

그러자 적진에서 한 장수가 말을 타고 내달으며 마주 호통쳤다.

"조선 장수 정출남은 들으라. 강보에 싸인 아이가 어른을 능멸하고, 하룻강아지가 범 무서운 줄 모르는 격이로구나. 나는 왜국의 선봉장 청룡이로다. 보잘것없는 네가 당돌하게 나서서 우리 대군을 희롱하니 네 목을 베어 분함을 풀련다."

"이런 발칙한 놈!"

정출남은 크게 성이 나 말을 박차며 달려들었다. 이에 청룡도 달려들어 맞붙어 싸우기 시작했다.

정출남의 장창이 적의 목을 노려 찔러 가고, 청룡 또한 정출남의 머리를 노리고 번뜩이는데 과연 용과 범이 싸우는 듯 무시무시했다.

양편의 군사들은 북을 두드리고 함성을 질러 자기편 장수를 응원하는데 그 소리가 천지를 진동시켰다.

두 장수는 이십 합을 겨루어도 승부를 내지 못했다. 무예 실력이 엇비슷한지라 두 마리의 범이 노루고기를 놓고 다투는 것 같고, 청룡과 황룡이 여의주를 서로 가지려고 다투는 듯했다.

그러나 삼십 합이 막 넘는 순간,

"받아랏!"

정출남이 소리를 크게 외치며 오른손의 장창으로 적의 허리를 찌르고, 왼손으로 장검을 신속하게 뽑아 머리를 후려쳤다. 그러자 청룡이 미처 피하지 못하고 피를 쏟으며 그대로 말 아래로 떨어졌다.

정출남은 청룡의 머리를 칼끝에 꿰어 들고 크게 외쳤다.

"청정도 빨리 나와 내 칼을 받아라. 항복하면 목숨만은 살려 주겠다!"

청정은 분노가 머리끝까지 치밀어올랐다. 죽은 청룡은 바로 그의 동생이었기 때문이다.

동생이 허무하게 죽어 버리자 청룡은 두 눈을 부릅뜨고 호통 소리와 함께 말을 몰아 달려나왔다.

"네 이놈, 꼼짝하지 마라!"

정출남이 눈을 들어 보니, 왜장 청정은 키가 구 척이요, 몸에 푸른 갑옷을 입고, 왼손에 백여 근이 나가는 무거운 철주를 들었다. 또한 오른손에는 날이 시퍼런 장검을 들고 붉은 털이 온몸을 감싼 말을 타고 살같이 달려오는데 보기에도 무시무시했다.

정출남은 청정의 모습을 보자 정신이 아찔하여 자기도 모르게 말머리를 돌리어 본진으로 도망쳤다.

그러자 청정이 벽력같이 호통치며 뒤를 쫓았다.

"정출남은 도망치지 말고 내 칼을 받아라! 네가 내 아우를 죽이고도 무사할 줄 알았더냐?"

왜장 청정이 탄 말은 그 옛날 관운장이 탔던 적토마와 같이 천하에 보기 드문 명마였다.

해서 정출남은 미처 본진에 닿기도 전에 바싹 뒤따라 추격해 온 청정이 휘두르는 칼날에 대항 한번 해 보지도 못하고 목 없는 귀신이 되어 버렸다. 한칼에 조선 장수의 목을 날린 청정은 손을 들어 일제 공격의 신호를 내렸다.

순간, 왜적들은 짐승같이 괴상한 소리를 지르며 벌 떼처럼 달려들었다. 그러니 대장이 죽어 기가 팍 죽은 조선 군사들이 어찌 대항하겠는가. 삽시간에 삼만 대병은 왜적이 휘두르는 칼날 앞에 낙엽처럼 떨어지니, 시체가 산같이 쌓이고 흐르는 피가 강을 이룰 정도였다.

특히 지옥의 악귀같이 날뛰는 청정의 칼에 맞아 죽은 조선 군사는 이루 헤아릴 수가 없을 정도였다.

청정이 크게 승리하여 승전고를 높이 울리며 본진으로 돌아오니 수하 장수들이 치하를 아끼지 않았다.

"장군의 용맹은 그 옛날 초패왕도 당하지 못할 것입니다."

"장군은 사람이 아니오라 하늘에서 내려온 신장이 분명합니다."

청정이 듣고 크게 웃으며 스스로 뽐내었다.

"사내 대장부가 세상에 태어나서 이만한 용맹이 없으면 어찌 만 리 타국에 와서 남의 나라를 빼앗으려 마음먹겠는가? 내 기필코 조선을 정복하여 왕위에 오를 것이니 그대들은 힘써 싸우라."

제장들은 청정의 용맹에 새삼스럽게 감복하여 충성을 다시금 맹세했다.

"소장들은 장군과 생사를 같이하겠나이다."

청정이 즉시 군사들을 독촉하여 서울로 향하니, 조선에는 그 형세를 당할 군사가 아무도 없었다.

이 때 임금께서는 정출남을 전장에 보내시고 십여 일 동안 소식을 몰라 크게 근심하였다.

그러던 차에 양주 목사가 보낸 장계가 이르렀거늘 급히 펼쳐 보시었다.

포도대장 정출남은 충주에서 외적과 만나 싸운 끝에 왜장 청룡을 한칼에 베었나이다. 그러나 정출남 역시 왜군 총대장 청정의 칼에 죽었고, 거느린 십만 대병도 모조리 몰살당했나이다. 지금 왜적은 이긴 기세를 틈타 서울로 쳐들어 올라가오니 엎드려 비옵건대 전하께서는 급히 왜적을 막으소서.

임금께서 장계를 보시고 크게 놀라 신하들을 보며 깊이 탄식하셨다.

"왜적의 형세가 이토록 위급하니 무슨 수로 종묘 사직을 보존하리요."

신하들도 믿고 있었던 정출남 역시 허무하게 죽었다는 소식을 듣자 한편 놀라고 당황하여 어찌할 바를 몰랐다.

임금과 신하들이 이렇게 정신이 없을 때 대궐문을 지키는 수문장이 들어와 급히 아뢰었다.

"왜적이 벌써 한강을 넘었나이다."

"무엇이!"

임금께서는 자신도 모르게 용안이 변하시었다.

그러나 탄식만 하고 있을 수도 없고 해서 어영대장 최달성과 금위대장 백수문을 불러 영을 내리시었다.

"그대들은 성중의 백성들이 놀라지 않게 단속하고 동서남북 사대문을 굳게 지키도록 하라."

그러나 군사가 얼마 없고 장수 또한 믿을 자가 없으니 어떻게 서울을 지킬 수 있단 말인가.

신하들이 엎드려 저마다 아뢰었다.

"전하께옵서는 어서 피란하옵소서."

"백성들을 두고 어찌 떠날 수 있단 말인가?"

"전하, 지금 왜적의 세력이 강세하니 잠시 몸을 피했다가 후일을 기약함이 좋을 듯하옵니다."

신하들이 극력으로 주장하는 바람에 임금께서도 하는 수 없이 피란길을 떠나기로 정하였다.

하지만 남대문으로 나와 보니 갈 곳이 막막했다. 임금께서 눈물을 흘리시며 탄식하자 한 신하가 나와 엎드려 아뢰었다.

"평안도는 아직 왜적이 들어오지 않았다고 하오니 전하께옵서는 바라옵건대 그리로 가시옵소서."

"그렇게 하라."

이에 뭇 신하들은 임금을 모시고 평안도로 떠났다.

한편——.

왜군 총대장 청정은 조선 임금이 피란간 줄은 모르고 군사들을 이끌고 와서 서울을 철통같이 포위했다.

"조선 왕은 무엇하는가? 어서 나와 항복하라."

그 소리가 마치 벼락이 떨어지는 듯하여 성벽이 다 들썩였다. 그러니 성중에 남아 있는 불쌍한 백성들은 얼마나 두려웠을 것인가!

"이젠 다 죽었구나!"

"잔인무도한 왜적이 들어왔으니 어찌 살기를 바라겠는가."

백성들은 서로 붙들고 통곡을 하니 흡사 물이 끓는 듯했다.

"서울을 짓밟고 조선 왕을 사로잡아라!"

청정이 군사들을 독촉하여 서울에 들이치려고 할 때, 문득 남대문에서 오색 구름이 뭉게뭉게 일어나며 한 장수가 무수한 군사들을 이끌고 왜군 앞을 딱 가로막으며 우레 같은 음성으로 꾸짖는 것이 아닌가.

"조선 나라 종묘 사직이 오백 년도 넉넉하거늘 너, 청정은 하늘의 운수를 모르고 불쌍한 백성만 죽여 천하를 소란스럽게 하느뇨? 어서 썩 물러가라. 나는 촉한의 관운장이니라."

청정이 크게 놀라 눈을 들어 바라보니 한 대장이 적토마를 타고 세 가닥의 수염을 가슴까지 드리우고 눈을 부릅뜨고 달려오는데, 손에는 청룡과 월도가 햇빛에 번쩍이는 것이 보기만 해도 가슴이 서늘했다.

"틀림없는 관운장이구나!"

청정은 여지껏 오만하던 기세가 자기도 모르게 수그러들고 오금이 저려 말머리를 돌리고 그대로 도망쳐 버렸다.

이에 서울에 남은 백성들은 왜적의 손에 하나도 해를 입지 않으니 모두가 관운장의 덕택이었다.

이 때 평안도 평강 땅에 한 이인이 있었으니 이름은 김덕령이라 했다.

나이는 불과 열다섯 살이나 힘은 능히 천 근의 바위를 들고, 앉아서 밥한 솥을 먹는 천하장사였다. 또한 일찍이 둔갑술을 배웠던 바 그 재주가 삼국 시대의 제갈량을 능가할 정도였다.

그러나 시절이 태평하여 재주를 감추고 집에서 농사에만 전념했다. 그러던 중 늙으신 부친이 세상을 떠나자 모친과 함께 정성껏 삼년상을 지내고 있었다.

그러다가 천만뜻밖에도 왜적이 강토를 침략하여 함부로 사람을 죽이고 재물을 노략질한다는 소식을 듣고 분노하여 모친 앞에 나아가 여쭈었다.

"소자가 듣자오니 왜적이 나라를 침범했다 하나이다."

"그 소문은 이 어미도 이미 듣고 있다."

"바라옵건대, 어머니께서는 소자의 소망을 허락하옵소서. 부친상을 당한 때이지만 상복을 벗어 불사르고 출전하여 왜적을 무찔러 나라의 근심을 덜게 허락해 주옵소서. 왜적을 쳐 없애 시절이 다시 태평해지면 소자의 이름이 청사에 올라 부모님께 영화를 드리옵고 또한 벼슬길에도 오를 듯하오니 부디 소자의 희망을 들어 주소서."

그러자 모친이 크게 놀라며 매섭게 꾸짖었다.

"우리 집에 사내란 너 하나뿐이다. 조상의 무덤에 향을 피워 받들어야 마땅하거늘 어찌 그런 말을 하느냐? 그 옛날 명나라 호왕이 둔갑술에 정통하여 소대성을 유인해 장운동에다 불을 질렀으나, 소대성을 잡지 못하고 오히려 죽음을 면치 못하였다. 그리고 기운이 태산이라도 든다는 초패왕도 오강을 못 건너서 죽었다. 그런데 네가 무슨 재주로 수십만 왜적을 물리칠 수 있겠느냐? 속절없이 전장터의 백골이 될 것이니 다시는 그런 말 꺼내지 말고 농사일에나 힘쓰도록 해라."

덕령이 모친의 엄한 말씀을 거역하지 못하고 물러나 탄식만 했다.

그러나 왜적이 이미 가까이 이르렀다는 말을 듣자 덕령은 더 이상 참을 수가 없었다.

해서 한밤중에 모친 모르게 상복을 벗어 상문에 걸고 불효를 사죄했다.

"어머님, 소자는 어머님의 영을 어기고 왜적을 막으러 가겠나이다. 부디 이 불효자식을 용서하십시오."

절하고 나서 즉시 둔갑술을 써서 왜진 속으로 들어갔다.

청정이 수하 장수들과 평안도를 칠 의논을 하다가 문득 앞에 나타난 덕령을 보고 소스라치게 놀랐다.

청정은 급히 수문장을 불러 호령했다.

"우리 진문이 얼마나 허술하길래 조선 사람을 함부로 들어오게 하는가?"

수문장은 벌벌 떨며 아뢰었다.

"소…… 소장은 저 사람이 들어오는 것을 몰랐습니다."

청정이 크게 분노하여 군사들에게 호령했다.

"활과 총으로 쏘아 잡으라!"

명령을 받은 군사들이 우르르 몰려나와 활과 총을 비오듯이 쏘아 댔다. 그러나 김덕령의 몸은 홀연히 사라져 헛되이 허공에 대고 쏘아 대는 판이었다.

총과 화살이 그친 후 김덕령은 다시 모습을 드러내 청정을 향해 크게 꾸짖었다.

"나는 평안도 평강 땅에 사는 조선 백성 김덕령이다. 네가 천운을 모르고 외람된 생각을 품어 평화스런 조선 땅에 쳐들어왔으니 그 죄가 크도다. 너는 조선에 사람이 없는 줄 아는 것 같은데 그렇다면 내 재주를 보라. 내일 오시에 너희 군사 머리에 백지 한 장씩을 붙일 것이니 그리 알고 기다려라."

말이 끝나자마자 김덕령은 홀연히 사라져 버렸다. 청정이 크게 놀라 뭇 장수들을 불러 놓고 엄히 분부했다.

"내일 총과 활을 많이 준비하였다가 오시가 되거든 일시에 쏘아라. 보이는 것이면 모조리 죽여라."

청정이 명령을 내렸지만 마음이 불안하여 잠을 이루지 못하고 날을 밝혔다. 이튿날 오시가 되자 왜군의 진중에 오색 구름이 뭉게뭉게 일어났다. 오색 구름이 점점 짙어져 이윽고 눈앞에 다섯 손가락도 보이지 않을 정도였다.

왜군이 크게 놀라 눈을 뜨지 못하고 우왕좌왕할 때 구름 속에서 김덕령이 홀연히 나타났다.

그리곤 청정을 가리키며 크게 꾸짖었다.

"왜적은 나의 재주를 보라."

호통과 함께 미리 준비한 백지를 허공에 휙 던졌다.

그러자 보라!

던져진 백지가 수십만 명 왜적의 이마에 똑같이 붙으니 그 모습은 꼭 목화송이가 활짝 핀 것 같았다.

청정이 보고 크게 놀라 자기도 모르게 탄식했다.

"나도 일찍이 도술을 팔 년 동안이나 공부하였으나 저런 재주는 처음 보았도다. 저런 사람이 조선 군사의 선봉장이 되면 우리 군사는 크게 패하리라."

그러자 김덕령이 왜군 이마에 붙은 백지를 일시에 걷어치우고 청정을 보고 말했다.

"나는 지금 부친상을 당해 살해를 할 수 없어 재주만 보여 주는 것이니 너는 빨리 돌아가거라. 만일 거역할 때는 너희들을 한칼에 무찌를 것이니 어서 목숨을 보존하여 돌아가라."

말이 끝나기가 무섭게 김덕령의 모습은 간 데가 없었다. 청정은 간담이 서늘하여 부대를 이끌고 급히 그 곳을 떠났다.

이 때 선조 대왕께서 영의정 정현덕 이하 여러 신하들을 거느리시고 서울을 출발하여 평안도로 피란을 떠나셨다.

그러나 평양 성중이 이미 왜장 소서에 의해 떨어졌다는 소식을 듣고 하는 수 없이 한적한 토곡 고을에 머무르시게 되었다.

"그 누가 나서서 왜적을 무찌른단 말인가?"

선조 대왕께서는 자나깨나 근심이 되어서 하늘을 우러러 탄식하셨다.

그러던 어느 날 임금께서 뜰을 거닐고 계시는데, 산에서 한 아이가 나무를 해 내려오니 그 지게가 거의 집채만 했다.

"이런 시골에 저런 장사가 있을 줄은 몰랐도다."

임금께서는 속으로 크게 기뻐하시며 그 아이에게 다가가 보았다. 아이는 열여섯 살 정도인데 기골이 장대하고 눈에 정기가 내비치는 것이 과연 인물다웠다.

임금께서 아이를 보고 은근히 말씀하셨다.

"네 기상을 보니 재주가 미간에 나타나 있도다. 군사를 거느리고 왜적을 토벌하여 큰 공을 세우는 것이 어떠한가?"

아이가 듣고 속으로 의아하게 생각했다.

'이 양반은 누군데 이런 말을 하는 걸까?'

그러나 아무리 보아도 매우 점잖은 어른인지라 공손히 아뢰었다.

"제가 재주는 없사오나 왜적이 쳐들어왔다는 소문을 듣고 그렇지 않아도 나가 싸우려고 했나이다."

임금께서 크게 기뻐하시며 물으셨다.

"장하도다. 네 성명이 무엇인고?"

"저는 성은 김이요, 이름은 고원이라 하나이다."

임금께서는 김고원에게 편지 한 장을 써 주며 이르셨다.

"너는 이 편지를 갖고 관아에 들어가 부윤 한성록에게 주라."

김고원은 편지를 받고 즉시 관아로 달려가 편지를 바쳤다.

무심코 편지를 받아 든 부윤 한성록은 그만 대경실색해 버렸다. 천만 뜻밖에도 임금께서 보내신 편지가 아닌가!

해서 김고원을 재촉하여 한달음에 토곡으로 들어가 임금 앞에 무릎을 꿇고 사죄했다.

"소신이 전하의 납시옴을 모르고 있었으니, 그 죄 죽어 마땅한 줄 아뢰니다."

김고원은 그제서야 임금의 정체를 알고 놀라 같이 엎드려 죄를 빌었다. 임금께서는 두 사람더러 일어나라 하시며 처연한 안색으로 탄식하셨다.

"나라의 운명이 불행하여 왜적이 쳐들어와서 마구 날뛰니 종묘 사직을 어찌 보존하리요. 평양이 이미 왜장 소서에게 떨어졌다고 하니 짐은 이곳에서 유하는도다."

한성록이 통곡하며 아뢰었다.

"소신은 나라의 변란을 듣고도 나아가 왜적을 무찌르지 못하였으니, 그 죄 백번 죽어도 마땅하나이다. 엎드려 비옵건대 전하께서 소신에게 나아가 싸우도록 하옵소서. 죽기로써 왜적을 무찌르겠나이다."

임금께서 크게 기뻐하시어 영을 내렸다.

"그대는 흩어진 군사를 모아 왜적을 막으라. 그리고 김고원은 선봉장에 서라."

이에 한성록은 각처에 흩어진 군사들을 모아 왜적을 치러 나아갔다.

이 때 조선의 삼백육십 주는 거의 왜놈에게 함락되고 남은 것은 겨우 육십 주밖에 안 되었다. 그 중에서 함경도 군사가 온전하게 남았으나 길이 막혀 올 수가 없었고, 황해도 군사는 뿔뿔이 흩어져 있으나마나였다. 그리고 경기도 군사는 도성을 지키느라 급급한지라 쓸 만한 군사는 겨우 평안도 군사 일만 명이었다. 그러나 군사가 있다 한들 용맹한 장수가 없으니 어이하랴.

임금께서는 땅이 꺼지도록 탄식만 하셨다.

"군사도 부족하거니와 장수도 없으니 어찌 왜적을 막으리요. 현명한 재상 최일령이라도 짐의 곁에 있으면 오죽이나 좋으랴."

임금께서는 한때의 잘못으로 최일령을 귀양 보낸 것이 두고두고 후회스러웠다.

한편 귀양갔던 최일령은 왜적의 세력이 강대한 것을 보자 적소인 동래에서 깊이 생각했다.

"이제 왜적이 강토를 유린하고 있으니 어찌 적소에서 허송세월하랴. 전하께 나아가 이 늙은 목숨을 나라에 바치자."

해서 즉시 길을 나서서 서울로 떠났다. 가는 도중에 왜적에게 잡힐까 염려되어 낮이면 산에 숨고, 밤이면 길을 재촉했다.

길을 떠난 지 십여 일 만에 서울에 도착해 보니 임금께서는 이미 피란을 떠나신 뒤였다. 장안은 늙은이와 아녀자만 남은 것이 이미 죽어 있는 서울이었다.

최일령은 임금께옵서 평안도로 피란하였다는 소문을 듣고 다시 길을 떠났다. 온갖 고생을 다한 끝에 최일령은 드디어 토곡에 닿아 임금을 뵈옵고 땅에 엎드려 울면서 아뢰었다.

"전하, 이 어인 변고이옵니까? 신 최일령은 감히 왕명을 거역하고 적소를 떠나 전하를 뵈오니 그 죄 죽어 마땅하나이다."

임금께서 어진 재상을 다시 만나자 손을 잡고 일으키며 말씀하셨다.

"짐이 경의 말을 진작 들었으면 이런 변고를 당하지 않을 것인데 짐이 밝지 못하여 경을 귀양 보냈도다. 경은 옛일을 생각지 아니하고 이렇듯 짐을 찾아오니 진정 충신이로다."

"소신은 용안을 한번 뵈옵고 죽을 작정이었나이다."

"자, 우리 옛일을 생각지 말고 어서 나라를 위해 왜적을 막을 계책을 생각하기로 하오. 지금 군사가 약간 있으되 장수가 없으니 경이 한 사람 천거하라."

최일령이 엎드려 아뢰었다.

"평안도에 김응서라는 사람이 있는데, 힘은 삼천 근을 들고 재주와 용맹은 삼국 시대의 조자룡을 능가한다고 하나이다. 전하께옵서는 급히 사람을 보내시어 김응서를 불러와 왜적을 막게 하소서."

임금께서는 크게 기뻐하시며 즉시 사신을 보냈다.

이 때 김응서는 왜적이 평안도를 휩쓰는 것을 보고도 왕명이 없어서 탄식하고 있었다.

그러던 차에 하루는 사신이 와서 왕명을 전했다.

'김응서는 사신을 따라 즉시 짐을 위해 오라.'

김응서는 엎드려 왕명을 받고 갑옷과 투구를 갖추고 천리마를 달려 토곡으로 갔다.

임금께서 엎드려 절하는 김응서를 보니 눈은 호랑이의 눈이요, 키는 팔척, 그리고 황금 투구에 순금 갑옷을 입은 것이 보기에도 용맹스러웠다. 또한 왼손에는 구십 근짜리 장창을 들고 오른손에는 팔십 근짜리 철구를 들었으니 늠름하기 그지없었다.

임금께서 한번 보시고 크게 기뻐하시어 최일령에게 말씀하셨다.

"과연 천하 명장이로다. 그러나 좋은 장수가 있으되 군사가 부족하니 어찌하리요?"

"왜적의 세력이 너무 강하여 우리 조선 군사로는 당하지 못할 것이옵니다. 김응서가 제아무리 용맹하고 재주가 뛰어나다 해도 왜적을 당하기는 어렵사오니 엎드려 바라옵건대 중국의 군대를 청하소서."

"경의 말이 옳도다."

임금께서는 최일령의 의견을 받아들여 중국에 구원병을 청하러 갈 사신을 찾으셨다.

"누가 중국에 가서 구원병을 청해 올까?"

그러자 병조판서 유성룡이 엎드려 아뢰었다.

"신이 청병 사신으로 가겠나이다."

임금께서 유성룡이 나서는 것을 보고 크게 기뻐하시며 즉시 사신으로 임명해 중국 명나라로 보냈다.

어전 회의가 끝나자 최일령이 은밀히 김응서를 불러서 말했다.

"왜장 소서가 평양 기생 월천을 첩으로 삼고 술과 노래로 세월을 보낸다고 하오. 만약에 월천과 약속을 하면 소서를 죽이는 것쯤은 손바닥 뒤집기보다도 쉬울 것이오. 그러나 연광정 사방에는 방울이 있어 침입자가 있으면 저절로 소리가 난다 하니 좀체로 접근하기가 어려울 것이오."

응서가 엄숙히 대답했다.

"방울 소리는 둔갑술로 쉽게 막을 수 있습니다. 우선 기생 월천과 약속할 묘책을 가르쳐 주소서."

최일령이 즉시 묘책을 가르쳐 주었다.

"그대는 당태 한 근과 독한 술 백여 병을 가지고 성벽을 넘어가라. 당태로 능히 방울 소리를 막을 수 있을 것이니 연광정 안으로 무사히 들어갈 수가 있으리라. 시간이 자시쯤 되면 월천이 밖으로 나올 것이니 그대는 이 때를 틈타 약속을 단단히 하라. 소서에게 술을 먹인 후에 장군이 그 틈을 타 소서를 죽이라. 한 가지 주의할 것은 소서를 베는 즉시 연광정 아래에 엎드리라. 그러면 소서가 그대를 죽이지 못할 것이니……."

"소장이 힘써 왜적을 죽이고 오겠습니다."

응서는 시원스레 대답하고 즉시 당태 한 근과 독한 술 백여 병을 가지고 평양으로 말을 달렸다.

응서가 탄 말은 천리마라 평양까지의 거리 팔십 리를 진시 초에 떠나 유시 때 당도했다. 이에 말을 성 밖에 매어 놓고 밤이 되기를 기다렸다.

초조하게 기다리고 있자니까 이윽고 초경이 되었다.

'이 때다!'

응서는 속으로 외치고 높은 성벽을 단숨에 뛰어넘었다. 그런 다음 주문을 외어 신장을 불러 당태를 주며 분부했다.

"그대는 이것으로 방울 소리를 막으라."

그러자 신장이 공손히 절하며 당태를 받아 들고 방울을 모두 막았다.

이에 응서는 마음 놓고 연광정 안으로 숨어 들어갔다.

이 때 왜장 소서는 등촉을 환히 밝히고 월천을 데리고 노래하며 노는데, 가히 안하무인격이었다. 응서는 생각 같아서는 단숨에 뛰어들어 한칼에 목을 베고 싶었지만, 소서의 무서운 검술 실력을 익히 들었는지라 꾹 참고 시간이 되기를 기다렸다.

과연 자시쯤 되어서 월천이 소피를 보러 밖으로 나왔다.

기다리고 있던 응서는 즉시 그녀를 가로막았다.

"아…… 뉘시온지?"

월천이 크게 놀라자 응서는 손가락을 입에 대고 조용히 하라고 일렀다.

"쉬잇! 너를 해치러 온 사람은 아니니 나와 함께 저리로 가서 얘기 좀

하자. 나는 전하의 명령을 받고 온 김응서이니라."

김응서의 용맹은 일찍부터 평안도에 알려졌으니 월천이 어찌 그 이름을 모르겠는가.

월천이 묵묵히 으슥한 곳까지 따라오자, 응서는 침통한 어조로 입을 열었다.

"월천아, 너는 비록 기생이기는 하나 조선 사람으로 태어나서 조선의 국토를 먹고 살아왔다. 그런데도 왜놈을 섬겨 부부의 예를 취할 수 있느냐? 나는 왕명을 받잡고 소서를 죽이러 왔다. 네 뜻은 어떠냐?"

월천이 눈물을 글썽이며 대답했다.

"천한 계집은 비록 소서의 첩이 되었으나 마음만은 항상 나라를 생각하고 있었나이다. 이제 장군 같은 영웅을 만났으니 어찌 반갑지 않겠습니까? 천한 계집은 장군이 시키시는 대로 하겠사오니 왜장을 죽일 계책을 가르쳐 주옵소서."

"장하도다."

응서는 크게 기뻐하여 가지고 온 독한 술병을 내어 주고는 월천의 귀에 입을 대고 계교를 일러 주었다. 이어 소서의 거동이 어떠한가를 물었다. 그러자 월천이 낱낱이 아뢰었다.

"소서는 잠이 반쯤 들면 한 눈만 뜨옵고, 깊은 잠에 떨어지면 두 눈을 다 뜨나이다."

"알았도다. 그럼 너는 어서 들어가 내가 시키는 대로 거행하라."

이에 월천이 굳게 맹세하고 연광정으로 들어갔다. 소서는 술이 거나하게 취한 채 물었다.

"어찌 이렇게 늦느냐?"

월천은 빙긋 웃으며 대답했다.

"소녀의 오라비가 있사온데 지금 장군님을 뵈러 왔나이다. 부디 만나 보소서."

애첩의 청이니 소서가 어찌 거절하겠는가.

"너의 오라비라면 나하고는 처남 매부가 된다. 지금 어디 있느냐?"

"문밖에 있나이다."

"어서 들라 하라."

소서가 독촉하자 월천은 즉시 문을 열고 응서더러 들어오라고 했다. 응서가 들어와서 절을 하고 있으니, 소서가 응서의 용맹한 기상을 보고 크게 기뻐하며 말했다.

"그대는 실로 영웅의 기상을 지니고 있다. 그대가 만약 나를 도와 조선 군사들을 모두 항복시킨다면, 나는 우리 총대장 청정의 일등 공신이 되고 그대 또한 영화를 누릴 것이로다. 청정이 조선 왕이 되고 우리 두 사람이 크게 공을 세우면 후세에 이름을 빛낼 것이로다. 그대가 나를 돕는 것이 어떠한가?"

응서가 거짓으로 황송한 듯이 대답했다.

"장군이 저를 수하로 써 주신다면 죽음을 각오하고 힘써 돕겠나이다."

월천이 옆에 있다가 계획대로 아양을 떨었다.

"소녀의 오라비가 장군님을 위하여 술과 안주를 준비해 왔으니 잡수십시오."

소서가 크게 기뻐하며 칭찬했다.

"너의 오라비가 나를 위해 술을 가지고 왔다니 어찌 마시지 않겠느냐? 어서 술상을 보아 오너라."

월천이 즉시 술상을 준비하여 소서에게 술을 권하는데, 갖은 아양을 떨며 쉴 새 없이 잔을 채웠다. 그 독한 술을 거의 열 병이나 마시자 제아무리 술을 즐긴다고 하는 소서라 해도 취한 나머지 그 자리에 쓰러져 버렸다.

그러자 응서가 월천을 데리고 밖으로 나와 속삭였다.

"왜적이 혹시 눈치채지 못했느냐?"

월천이 귀를 기울여 살피더니 고개를 내저었다.

"아무런 의심도 하지 않았나이다. 어서 처치하옵소서."

이에 응서가 삼 척 장검을 뽑아 들고 살며시 방으로 들어갔다. 과연 들은 바대로 소서는 두 눈을 부릅뜨고 자고 있는데, 코고는 소리가 마치 우레 같았다. 응서가 칼을 겨누고 가까이 가자 소서의 명검 명천검이 벽에 걸려 있다가 웅웅 울어 댔다.

그러나 칼 임자가 깊이 잠들어 있으니 어떻게 알랴.

이 때 방문 밖에서 월천이 급히 소리쳤다.

"입으로 침을 세 번 뱉고 달려들어 치소서."

응서가 침을 세 번 뱉고 달려들어 소서의 목을 치니, 검광이 번뜩이는 가운데 구레나룻투성이인 목이 떨어졌다.

응서는 미리 주의 받은 대로 즉시 칼을 내던지고 바닥에 납작 엎드렸다. 그러자 문득 머리가 없는 소서가 벌떡 일어나더니 벽에 걸린 명천검을 집어 번개같이 휘두르는 것이었다. 순간, 연광정의 대들보가 칼에 맞아 뚝 부러지더니 소서의 몸이 바닥에 쓰러졌다.

이에 응서가 겨우 안심하고 소서의 목을 칼끝에 꿰었다. 그리곤 월천을 옆구리에 끼고 나는 듯이 성벽을 넘어 말을 매어 놓은 곳으로 갔다.

"왜장의 목을 벤 것은 오로지 너의 공로로다. 전하께서 이를 아시면 후히 상을 내릴 것이니 너는 나하고 같이 가자."

응서가 말하자 월천이 눈물을 줄줄 흘리며 땅에 무릎을 꿇고 애절히 소리쳤다.

"장군님, 천한 계집은 시운이 불행하여 왜적의 첩이 되었나이다. 비록 잠시 동안이지만 원수와 부부의 관계를 가졌으니 무슨 낯으로 세상을 살아가겠습니까? 이제 원수도 죽고 없으니 저의 원한도 사라졌나이다.

장군님은 부디 저의 목도 함께 베어 주소서."

"그게 무슨 말이냐? 안 될 말이로다."

응서가 크게 놀라 거듭 만류했지만 월천의 결심은 변하지 않았다.

"장군님, 왜적이 저희 대장이 죽었다는 것을 알면 급히 추격해 올 것입니다. 장군님의 말이 비록 천하에 보기 드문 명마라 할지라도 천한 계집까지 함께 타면 걸음이 더뎌 붙잡힐 것입니다."

응서가 다시 좋은 말로 회유하려고 하자, 월천이 갑자기 손을 내밀어 응서의 칼을 뽑아 자신의 가슴을 찔렀다.

"앗! 월천아, 이 무슨 짓이냐?"

응서가 놀라 부축했으나 이미 때는 늦어 월천의 가슴에서는 피가 샘솟듯이 흐르며 안색 또한 창백하게 변했다.

응서가 가슴이 아파 눈물을 뚝뚝 떨구자 월천은 억지로 웃으며 말했다.

"미천한 계집은 이제 여한이 없으니 구천에 가서라도 편히 눈을 감을 수 있겠나이다. 장군께서는 부디 공을 세워 나라를 평온케 하소서."

말을 마치자 월천은 고개를 푹 떨구고 영원히 눈을 감았다.

"월천아, 네가 비록 미천한 출신의 여자이기는 하나 대장부보다 몇 배 더 의기롭도다."

응서는 싸늘하게 식은 월천의 몸을 안고 대성통곡하다가 마지못해 머리를 베어 가지고 말을 달려 토곡으로 갔다.

응서가 임금 앞에 엎드려 소서의 머리를 드린 후에 또 월천의 머리를 올리며 전후의 사정을 상세히 아뢰니, 임금께서 한편으로 기뻐하시고 또 한편으로는 가슴 아프게 여기셨다.

"아! 월천이 비록 미천한 여인이기는 하나 오직 충성스러운 마음으로 왜적 소서를 죽이고 또 저도 죽었으니 만고에 빛날 여인이로다."

이에 소서의 목을 개돼지의 먹이로 내던지게 하고, 월천의 목은 무덤을 잘 써 후히 장사 지내 주었다.

한편 유성룡은 중국으로 원병을 얻으러 사신의 자격으로 떠났다. 거의 한 달 만에 명나라 황제를 뵙고 예를 차렸다.

그러자 명나라 황제는 의아스런 어조로 물었다.

"조선에 무슨 일이 있기로 짐의 나라에 들어왔느뇨?"

유성룡이 엎드려 아뢰었다.

"황제 폐하께 아뢰나이다. 소신의 나라 조선국에 갑자기 섬나라 왜적이 쳐들어와 종묘사직이 풍전등화같이 위태하나이다. 지금 서울까지 왜적이 침범하여 소신의 국왕은 평안도 토곡성 안으로 피란하셨나이다. 왜적의 형세가 갈수록 강하기에 소신의 국왕이 황제 폐하께 여쭈라고 해서 소신이 대국으로 들어왔나이다."

하고는, 조선 임금이 보내는 글월을 올렸다.

명나라 황제가 글월을 보고 크게 놀라 신하들을 불러 하문했다.

"지금 조선 국왕이 왜적의 침입을 받아 나라가 위태롭다고 구원병을 청하였도다. 경들의 의견은 어떠한지 말해 보라."

그러자 좌승상 유필이 엎드려 아뢰었다.

"조선이 위급하다 하니 구원병을 보내는 것이 당연하기는 하나, 지금 때가 한창 농사철이라 군사를 보내는 것은 시기가 아닌 줄로 아뢰나이다."

이에 명나라 황제는 구원병을 보내는 것을 허락하지 않았다.

유성룡이 할 수 없이 빈손으로 돌아와 임금께 아뢰니 모두들 크게 놀랐다. 임금께서는 크게 실망하시어 최일령을 불러 물으셨다.

"명나라 황제가 구원병을 줄 수 없다고 하니 이 일을 어찌할꼬. 이제 우리 조선은 망하였도다."

최일령이 엎드려 아뢰었다.

"전하는 너무 염려하지 마옵소서. 구원병은 반드시 올 것이옵니다."

"오, 경은 그렇게 생각하오?"

"네, 전하. 그들이 스스로 구원병을 보낼 것이옵니다."

임금께서는 최일령이 천문˙지리에 밝아 능히 앞날을 미리 내다보는 걸 알고 있는 터라 오직 구원병이 오기만을 기다렸다.

이 때 왜장 평수길은 삼만 군졸을 거느리고 경상 우도로 짓쳐 들어가 진주를 함락시켰다. 그러나 진주 기생 모란이라는 여인이 나라에 충성할 것을 맹세하고 한 꾀를 생각해 내었다.

'내 목숨을 걸고 왜적의 괴수를 잡으리라.'

이에 모란은 촉석루에다 술상을 마련하고 평수길이 오기를 기다렸다. 과연 평수길이 부하들을 이끌고 앞을 지나가는데, 거문고 타는 소리 은은하고 아름다운 향기가 십 리 안팎에 진동하는 것이었다.

"선녀가 인간 세계에 하강했단 말이냐? 웬 미인인고?"

평수길이 정신이 황홀하여 멍하니 바라보자 모란이 미소를 지으며 좌석을 같이하기를 청했다.

"장군께서 오시기를 소녀는 눈이 빠지게 기다렸나이다. 오셔서 술 한 잔 하소서."

평수길은 입이 헤 벌어져 즉시 부하 장수들과 함께 술을 즐기니 얼마 가지 않아 크게 취했다.

이에 모란이 군사가 없을 때를 취하여 일어나 춤추고 노래하니, 그 목소리와 뛰어난 자태는 보는 사람의 눈을 황홀하게 만들었다.

"좋도다!"

평수길이 흥을 이기지 못하여 모란을 껴안고 함께 춤을 즐겼다. 이 때를 기다려 모란은 평수길을 꽉 안고 촉석루 난간에서 깊은 강물 속으로 뚝 떨어지니 어이하리요.

모란의 열 손가락에는 굵은 반지가 빠짐없이 끼어져 있어 평수길이 벗어나려고 용을 써도, 모란의 팔을 풀지 못하고 원통한 물귀신이 되고 말았다.

"앗, 대장님이!"

보고 있던 왜군들이 크게 놀라 즉시 평수길의 시체를 찾아 건져 내오니 이미 싸늘히 식어 있었다.

그리고 모란이 죽으면서 어찌나 세게 껴안았던지 아무리 풀려고 해도 손가락이 펴지지 않았다.

왜군들은 하는 수 없이 평수길과 모란의 시체를 함께 가지고 총대장 청정의 진으로 후퇴해 버렸다.

한편——.

중국에서 구원병이 오기만을 손꼽아 기다리시는 임금께 하루는 진주 목사가 보내는 장계가 올라왔다.

임금께서 장계를 펼쳐 보시니,

이미 은퇴한 재상 이순신이 왜적을 맞이하여 싸웠던 바 거북선을 이용하여 가는 곳마다 적의 배를 깨뜨렸나이다. 그러다가 한산도에서 적의 수병을 크게 깨뜨리고 자신은 적탄에 맞아 죽었나이다. 그리고 진주에 모란이라 하는 기생이 있사온데, 오직 나라를 위하는 충성스런 마음으로 왜장 평수길을 데리고 촉석루에 올라가 춤을 추다가 왜장을 안고 물에 빠져 같이 죽었나이다. 세상에 이런 충절이 없을 듯하여 감히 엎드려 아뢰나이다. 전하께서는 통촉하시옵소서.

하였거늘, 임금께서 다 읽으시고 용안에 눈물을 지으시며 분부하셨다.

"세상에 이런 충신과 열녀가 어디 있단 말인가? 이제 시절이 태평하거든 이순신을 충무공에 봉하여 봄가을로 제사를 지내도록 하라. 그리고 모란은 촉석루 앞에 비를 세워 그 충절을 기리도록 하라."

이 때 명나라 황제는 조선에서 군사를 청하러 온 사신을 돌려보냈지만 마음이 편치 않아 늘 근심이었다.

그러다가 하루는 밤에 한 장수가 홀연히 나타나 엎드려 절하며 아뢰는 것이었다.

"형님은 어찌하여 조선에 구원병을 보내지 아니하나이까?"

황제는 듣고 크게 놀라 물었다.

"그대는 귀신인가 사람인가? 어찌하여 짐더러 형님이라고 부르는가?"

장수가 처연한 어조로 대답했다.

"소자는 삼국 시대의 관운장이옵나이다. 형님은 유현덕이 도로 이 세상에 태어나 황제가 되셨고 막내동생 장비 또한 다시 태어나 조선 나라 왕이 되었나이다. 소장은 미부인을 모시고 조조에게 가 있다가 형님을 만나러 떠날 때 죄 없는 사람을 죽이었으므로 미처 세상에 다시 태어나지 못하였나이다. 해서 조선을 지키었더니 지금 왜적이 조선을 침략하여 땅을 거의 다 빼앗고 종묘 사직까지 유린하는데 잘못하면 조선의 사직이 오늘내일로 끊어질까 염려되나이다. 그런데도 형님께서는 구원병을 아니 보내시니 어인 일이오이까?"

황제는 이 말을 듣고 마음이 크게 울적하여 눈물을 흘리며 그 장수를 자세히 살폈더니, 키가 구 척이요, 손에 청룡 은월도를 비껴들고 호랑이 눈을 부릅뜨고 세 가닥으로 늘어진 수염을 꼿꼿이 세우고 있으니 관운장이 분명했다.

황제가 크게 당황하여 용상에서 일어나 절하며 물었다.

"장군은 누구를 보내라 하시나이까?"

관운장이 다시 엎드려 절하며 아뢰었다.

"구원병은 팔십만 명을 보내시되, 대장은 이여송을 보내시면 왜적을 물리치고 조선을 구할 수 있을 것이옵니다."

이어 자리에서 일어나면서 덧붙여 말했다.

"형님께서 이 아우의 말을 듣지 않으면 큰일이 날 것이옵니다."

그 말과 함께 문득 간 곳이 없거늘 황제가 크게 놀라 깨어보니 한바탕의 꿈이었다.

이에 이튿날 조회 때 신하들이 모두 모이자 하문하셨다.

"짐이 간밤에 꿈을 꾸었더니 조선나라 경계선을 지키는 관운장이 와서 구원병을 보내라 하니 경들의 뜻은 어떠한가?"

좌승상이 엎드려 아뢰었다.

"관운장은 본시 충절로 유명한 장수이니 지시대로 하옵소서."

황제가 옳게 여겨 즉시 팔십만 명의 대병을 일으키게 하고, 익주 자사로 있는 이여송을 불러다가 명하였다.

"짐이 경의 용맹과 재주를 잘 알고 있도다. 이제 조선에 나가 왜적을 물리치고 공을 세워 이름을 빛내고 돌아오면 이름이 청사에 올라 나라의 일등 공신이 되리라."

이여송이 엎드려 절하며 아뢰었다.

"소신이 비록 재주는 없사오나 동방예의지국으로 나아가 왜적을 토벌하고 오겠나이다."

황제가 크게 기꺼워하며 즉시 대원수의 칭호를 내리고 대장기를 내려주었다.

이윽고 이여송이 황제에게 작별을 고하고 군사를 이끌고 나아갈 때 만조 백관이 사십 리 밖까지 나와 전송하며 이구동성으로 말했다.

"장군이 만 리 밖의 동국에 나아가 크게 공을 세우고 돌아오면 그 공을 잊지 않으리라."

이여송이 가슴을 펴고 크게 웃으며 대답했다.

"조그마한 왜놈을 어찌 근심하리요."

이여송이 팔십만 명의 대병을 지휘하여 행진할 때 장수들에게 일일이 소임을 맡기는데 아우인 이여백으로 선봉장을 삼고, 이여월로 군장을 삼았다.

그리고는 전군에 엄히 명령을 내렸다.

"만약 군령을 태만하게 이행하는 자가 있으면 군법으로 엄히 다스릴 것이로다."

이여송이 천리 준총마에 높이 올라앉아 가는데 머리에는 용의 무늬가 새겨진 투구를 썼고, 몸에는 황색 전포를 걸치고, 오른손에 팔각도를 들고, 왼손에는 대장기를 높이 들었는데 황금 글씨로 '대사마 대원수 명나라 이여송'이라고 새겨져 있었다.

팔십만 명의 대병이 조선으로 향하니 기치 창검은 햇빛을 가렸고 북소리, 호각 소리는 천지를 뒤엎는 듯했다.

얼마 후에 굽이쳐 콸콸 흐르는 압록강을 건너니 미리 소식을 들은 조선 임금이 제신을 거느리고 몸소 백 리 밖에까지 나와 맞이했다.

인사가 끝난 후 자리에 앉아 임금께서 원수에게 말씀하셨다.

"원수께서 황제 폐하의 명을 받자와 먼길에 수고를 하시니 과인의 마음이 매우 불편하오이다."

이여송이 두 번 절하고 아뢰었다.

"대왕께서 뜻밖의 왜란을 당하셨으니 오죽이나 근심하시리까? 황제 폐하의 명을 받들고 소장이 왔으나 별로 도움이 될 것 같지가 않으니 그냥 돌아가는 것이 좋을 듯하옵니다."

임금께서 뜻밖의 말을 들으시고 크게 근심이 되어 최일령을 불러 물으셨다.

"이 원수가 그냥 돌아가겠다고 하니 이 무슨 변고인고?"

최일령이 엎드려 아뢰었다.

"전하께옵서는 근심하지 마옵소서. 이 원수 막사 뒤에 칠성단을 세우고 축문을 읽으시며 통곡하오시면 원수가 마음을 돌릴 것이옵니다."

임금께서 들으시고 즉시 영을 내리셨다.

"즉시 칠성단을 세우라."

그리고 칠성단에 올라 슬피 통곡하시니 이여송이 듣고 물었다.

"저 우는 소리는 어디서 나는 것인고?"

수하 장수가 살피고 나와 보고했다.

"조선 왕이 원수께서 돌아가신다는 말을 듣고 우시나이다."

그러자 이여송이 문득 하늘을 우러러 탄식했다.

"기이하도다. 내가 조선 왕의 관상을 보니, 왕의 상이 아니어서 실망했더니 이제 울음소리를 들으매 용의 울음소리가 분명하도다. 오백 년 사직이 분명하도다."

이에 회군하기를 단념하고 장수를 불러 소임을 맡기는데, 조선 장수가 구름 모이듯 했다.

평안도 평강 땅 태생인 김응서, 전라도 전주 출신 강홍엽, 황해도에서 온 김승태, 함경도 태생인 유홍주, 강원도의 백철남, 경기도에서 온 문둔황 등 모두가 범 같은 장수들이었다.

각기 갑옷 투구를 갖추고 이여송에게 인사를 올리니 원수가 보고 크게 칭찬했다.

"조선 같은 조그만 나라에 이렇듯 영웅 호걸이 많으니 기이한 일이로다."

이어 그들의 재주를 시험해 보려고 높은 깃대 끝에 황금 만 냥을 달고 말했다.

"그대들 중에 저기 달린 황금을 떼어 오는 자가 있으면 선봉을 삼으리라."

그러자 한 장수가 즉시 몸을 날려 철추로 치니 황금이 여지없이 떨어졌다. 박수 갈채 속에 다시 한 장수가 내달아 남은 황금을 가지고 비호같이 돌아왔다.

이여송이 보고 물었다.

"저들이 누구인고?"

수하 장수가 공손히 아뢰었다.

"먼저 장수는 김응서라 하옵고, 두 번째 장수는 강홍엽이라 하오이다."

이에 이여송은 김응서로 선봉을 삼고 강홍엽으로 후선봉을 삼았다. 그리고 유홍수로 좌익장을 삼고 백철남으로 우익장, 김일관으로 군량장, 그리고 남은 장수를 모두 후군장으로 삼고 군사를 몰아 강원도에 있는 왜군 총대장 청정의 진으로 향했다.

임금께서는 유성룡을 불러 특별히 명하였다.

"경은 우리 조선 군사와 명나라 군사의 군량을 급히 수송하라."

이 때 이여송은 조선 장수들의 재주를 다시 시험해 볼 생각으로 엉뚱한 명령을 내렸다.

"내일 아침에 좋은 술 천 독을 대령하라."

"알겠나이다."

김응서가 즉시 대답하고 나와 군졸들에게 명해 땅을 깊이 파고 술 천 독을 묻게 했다. 그리고는 그 위에다가 백탄 숯을 피워 밤새도록 술을 익히니 이튿날 아침 어김없이 술 천 독을 대령시켰다.

이여송이 보고 크게 칭찬했다.

"과연 조선에도 뛰어난 인재가 있도다."

그리고는 또 영을 내렸다.

"내일 아침에 용탕을 대령하라."

김응서가 대답하고 나와 하늘을 우러러 슬피우니 하늘에서 갑자기 용이 한 마리 시냇가에 떨어져 죽었거늘 즉시 용탕을 지어 올렸다.

이여송이 칭찬하고 다시 영을 내렸다.

"내일 아침까지 소상강에서 나는 젓갈을 올리렷다."

이에는 김응서라 한들 어쩔 도리가 없어 깊이 근심하고 있던 터에 임금께서 사람을 보내 알려왔다.

"전에 어떤 신하가 이 다음에 써먹을 일이 있다 하며 소상강에서 나는 젓갈을 가져와 보관해 둔 것이 있느니라. 그러니 급히 가져가 원수께 올려라."

김응서가 크게 기뻐하며 즉시 젓갈을 갖다 바치니 이여송이 진심으로 칭찬했다.

"그대는 과연 천재로다. 그대같이 재주 있는 장수가 또 어디 있겠는가."

그러나 이여송은 아직도 장난이 하고 싶은지 또 분부를 내렸다.

"내일 아침에 백마 백 필을 대령하라."

응서가 기꺼이 대답하고 나와서 군졸들에게 명령하였다.

"흰가루를 칠하여 백마 백 필을 대령하라."

이여송이 듣고 크게 웃으며 칭찬했다.

"임기응변이 저렇듯 빠르니 누가 당하리요. 내가 졌도다."

이에 깊이 감복한 이여송은 더 이상 장난하지 않고 군사를 몰아 청정의 진으로 향했다.

이 때 청정은 강원도 원주성에 있다가 군사가 와서 보고하는 소리를 듣고 크게 놀랐다.

"명나라 장수 이여송이 군대를 이끌고 오나이다."

청정은 급히 각 도에 흩어진 장졸을 모두 부르니 장수가 팔백여 명이 요, 군사가 이십만 명이었다.

이여송이 원주에 도착하여 적진을 살펴보니 제법 진이 갖추어져 있었다. 이여송이 북을 울려 싸움을 돋우니 적진에서 한 장수가 내달으며 크게 소리쳤다.

"명장 이여송은 들어라. 우리 대장께서 조선을 거의 다 얻었거늘 너는 무슨 재주가 있다고 다 망한 조선을 구하려고 하느냐? 빨리 나와 내 칼을 받아라."

그러자 선봉장 김응서가 말을 몰고 달려나오며 호통쳤다.

"우리 진중에 영웅 호걸이 구름같이 모였거늘 너는 어찌하여 죽기를 재촉하느냐?"

이에 양편 장수가 내달아 싸워 삼십여 합에 이르자 김응서의 칼이 번뜩이더니 왜장 마원태의 머리가 땅에 굴렀다.

김응서가 적장의 머리를 칼끝에 꿰고 돌아오려고 하자 왜진에서 다섯 장수가 뛰어나오며 외쳤다.

"조선 장수 김응서는 도망하지 말라."

김응서가 크게 분노하여 말머리를 돌리고 왜장 다섯을 상대로 싸우는데 조금도 지친 기색이 없었다.

청정이 이를 보자 크게 분노하여 벽력같이 호통치며 말을 내달아, 명천검으로 김응서의 머리를 노리고 치니 응서가 가까스로 피했다. 그러나 그의 말이 적의 칼에 맞아 땅에 엎어졌다. 이에 김응서의 목숨이 풍전등화처럼 위험해졌다.

이여송이 보고 크게 놀라 급히 세 장수를 보내어 김응서를 구해 오게 하였다.

김응서는 가까스로 목숨을 건져 본진으로 돌아와 사례했다.

"원수의 구함이 없었다면 소장은 이미 죽었을 것입니다."

이 때 양편 장수가 내달아 한데 어울려 싸우니 명나라 장수는 아홉이요, 왜장은 다섯이었다.

양쪽 진에서 내지르는 함성이 천지를 진동하고 칼빛은 하늘의 햇빛을 가리는 듯한데, 마치 산중 맹호가 먹이를 다투는 것 같고, 용이 여의주를 갖고 싸우는 듯했다.

십여 합에 이르렀을 때 왜장의 칼이 번뜩하더니 맹장 이여월의 머리가 떨어졌다. 거의 같은 시각에 강홍엽의 칼이 왜장 한일천의 머리를 잘랐다. 또한 김일관이 한 소리 크게 호통치면서 왜장 한업의 머리를 떨어뜨렸다. 이어 김승태가 벼락같이 왜장 문경의 가슴을 창으로 찔러 떨어뜨렸다.

청정은 다섯 장수가 허무하게 죽음을 당하자 머리끝까지 분노가 치밀어 말을 몰아 나는 듯이 달려나오며 우레같이 호통쳤다.

"내 너희들을 모조리 죽이리라."

이여송이 바라보니 청정은 키가 구 척이요, 일백 근짜리 황금 투구를 쓰고 몸에는 구리 갑옷을 입고, 오른손에는 백 근 무게의 철퇴를 들고 왼손에는 천하 명검 명천검을 들었는데, 불과 삼 합도 못 되어 명장 태경을 한칼에 베었다.

이여송이 부하의 죽음을 보자 즉시 말을 몰아 나오며 호통쳤다.

"적장 청정은 어찌하여 나의 아장을 죽이는가? 너 듣거라. 너희 왜놈이 그 옛날 진시황을 속이고 섬으로 들어가 나오지 아니하고, 자칭 왕이라 칭하며 미친 개가 짖듯이 감히 조선국 같은 예의지국을 침범하니 어찌 하늘의 벌이 없겠느냐? 어서 썩 나와 나의 칼을 받아라."

청정이 듣고 크게 노하여 호통쳤다.

"내가 조선을 거의 다 얻었거늘 네가 왜 나서서 가로막느냐?"

호통과 함께 명천검을 휘둘러 이여송과 치열하게 싸우기 시작했다.

양쪽의 총대장이 이렇게 접전을 벌이니 북소리와 호각 소리가 천지를 진동하여 하늘이 무너지고 땅이 꺼지는 듯한데 십여 합이 지나도록 좀체로 승부가 나지 않았다.

그러나 시간이 지날수록 청정은 기운이 딸려 말머리를 돌려 본진으로 도망치려고 했다.

"어딜 도망치느냐?"

이를 본 이여송과 명장 일곱이 우르르 뒤쫓으며 호통쳤다.

청정이 죽을 둥 살 둥 도망치는데 문득 앞에서 한 대장이 나타나 크게 호령했다.

"네가 감히 헛된 욕망을 품었으니 어찌 하늘인들 무심하겠느냐? 너는 도망치지 말고 내 칼을 받아라!"

청정이 눈을 들어 바라보니 전에 본 적이 있는 관운장이 아닌가.

청정이 크게 놀라 옆으로 도망치려고 하니 명장 일곱이 달려들어 전후좌우에서 협공했다.

이렇게 되니 청정이 제아무리 용맹한들 그물에 든 고기요, 함정에 빠진 호랑이와 마찬가지였다.

"목을 바쳐라!"

이여송이 우레같이 호통치며 달려들어 칼을 번개같이 내리쳤다. 이에 청정의 목이 칼빛을 좇아 떨어졌다.

김응서가 즉시 달려들어 청정의 목을 칼끝에 꿰어 들고 이여송에게 치하했다.

"원수의 용맹은 천추에 길이 남을 것입니다."

이에 이여송은 승전고를 높이 울리며 축하연을 크게 베풀었다.

이 때 전라도로 쳐들어갔던 왜장 동철, 충청도로 갔던 마웅태, 함경도

로 갔던 봉철 등은 청정과 합세하고자 급히 오다가, 총대장이 죽었다는 소리를 듣고 크게 놀라 급히 달려와 부르짖었다.

"명장 이여송과 조선 장수 김응서, 강홍엽은 어찌하여 우리 대장을 죽였는가. 우리가 네놈들을 죽여 대장의 원수를 갚으리라. 어서 나와 내 칼을 받아라."

이여송이 듣고 크게 분노하여 칼을 들고 곧 달려들려고 했다. 그러자 김응서와 강홍엽이 만류했다.

"원수께서는 참으소서. 닭을 잡는 데 어찌 소 잡는 칼을 쓰리까? 소장들이 나가 왜장을 베어 원수의 노함을 풀리라."

이어 두 장수가 일시에 내달으며 꾸짖었다.

"너희들은 조선에 김응서와 강홍엽이 있다는 말을 들었는가? 어서 나와 칼을 받아라!"

　양편 장수들이 한데 어울려 싸우기를 이십여 합 끝에 김응서의 칼이 허공에서 원을 그리며 왜장 마옹태를 치니 머리가 땅에 떨어졌다.

　문경이 이를 보자 크게 노하여 부르짖었다.

　"내 맹세코 너를 죽여 우리 장수의 원수를 갚으리라."

　응서와 홍엽은 십여 합을 겨루다가 거짓 패한 척 본진으로 도망쳐 들어가니 문경이 기세 등등하게 뒤를 추격했다.

　"도망가지 말고 내 칼을 받아라!"

　김응서와 강홍엽이 나는 듯이 본진으로 돌아오자 포소리가 한 번 크게 울리고 진세가 갑자기 변하여 오행진이 되니 나는 제비라도 벗어날 길이 없었다.

　왜장 문경이 크게 당황하여 이리저리 살 길을 찾는데 김응서가 벽력같이 달려들어 허리를 감아쥐고 땅에 내던졌다. 문경을 사로잡아 장대 밑에

꿇어앉히고 김응서가 크게 호령했다.

"네가 감히 예의지국을 침범하고도 살기를 바라느냐?"

"저…… 제발 목숨만은 살려 주십시오. 저는 다만 청정의 명에 의해 조선으로 나왔을 뿐입니다."

문경이 애걸하자 이여송이 매섭게 꾸짖었다.

"네놈이 천륜을 모르고 함부로 조선 같은 예의지국을 범하였도다. 조선에 영웅 호걸이 구름같이 많아 너의 대장, 청정과 소서, 평수길도 모두 칼날 아래 목 없는 귀신이 되었도다. 내 너를 한칼에 베어 방자하게 군죄를 물으려고 했으나 이미 항복하였기로 이대로 놓아보낼 것이니 빨리 돌아가 다시는 외람된 생각을 먹지 말라."

이에 문경은 머리를 감싸쥐고 왜국을 향해 도망쳤다. 이여송이 그제서야 군대를 거두니 남은 것은 산같이 쌓인 왜인의 시체뿐이었다.

이 때 임금께서는 싸움의 결과를 애타게 기다리시다가 승전 소리를 접하시고 크게 기뻐하셨다.

그러나 승전의 기쁨도 잠시였고, 또 하나의 걱정이 생겼다.

"군량이 거의 바닥났으니 이 일을 어찌하면 좋을꼬."

임금께서 탄식하자 최일령이 엎드려 아뢰었다.

"신이 듣자 하니 평안도 삭주 땅에 사는 김수업이라는 부자가 있는데, 곡식이 이십만 석이 있다 하나이다. 그에게 명하시어 군량을 대게 하소서."

김수업이 왕명을 받고 급히 달려왔다.

"왜적의 침략에 전하께옵서는 얼마나 근심하셨나이까?"

임금께서는 깊이 탄식하시고 용건을 말씀하셨다.

"지금 군량이 바닥나 야단이니 우선 그대의 곡식을 취하여 쓰고, 이 다음 시절이 태평하거든 갚고자 하노라. 그대 생각은 어떠한고?"

김수업이 엎드려 아뢰었다.

"소신의 곡식은 바로 전하의 곡식이오니 좋을 대로 쓰시옵소서."

임금께서 크게 기뻐하시어 김수업으로 하여금 군량장을 삼아 곡식을 나르게 했다.

이 때 이여송이 왜적을 쳐부수고 돌아오니 임금께서는 백 리 밖에까지 나아가 맞이해 노고를 치하했다.

"원수가 아니었다면 우리 조선국은 왜적의 손에 떨어질 뻔했소. 원수의 이 은혜는 자손 만대에 걸쳐 잊지 않으리."

"모든 것이 전하의 복이옵니다."

이에 이여송은 철비를 세워 승전을 천추에 길이 남도록 하고, 비단 백 필을 들여 승전기를 만들어 높게 세웠다.

그런 다음 큰 잔치를 베풀어 군사들에게 마음껏 즐기도록 했다. 이윽고 잔치가 끝난 후 이여송은 임금께 하직 인사를 올리고 중국으로 떠났다.

그러나 이여송은 가는 도중에 이름난 산이나 강물의 혈맥을 일일이 자르게 했다.

"혈맥을 자르지 않으면 조선에 영웅 호걸이 자꾸만 태어날 것이로다. 이것을 방비하지 않으면 장차 우리 중국이 위험해질 것이다."

왜적이 물러간 다음 임금께서는 서울로 환궁하신 후 제신들을 모아놓고 의논하였다.

"왜장을 모두 죽였지만 왜장의 항서를 받지 않으면 후환이 될 것이니, 군사를 일으켜 왜국으로 쳐들어가 항서를 받는 것이 어떠한고?"

이에 제신이 모두 찬성하여 왜국을 정복하기로 했다. 임금께서는 즉시 김응서와 강홍엽을 불러 영을 내리시니 두 장수가 서로 선봉이 되겠다고 다투었다. 해서 제비를 뽑게 하니 강홍엽이 선봉이 되고 김응서는 후군을 맡았다.

두 장수가 군사 이십만 명을 이끌고 왜국으로 떠나니, 때는 무술년 시월이었다.

군대가 경상도 동래에 도착하여 배를 탈 때 문득 뒤에서 김응서를 부르는 소리가 났다.

"장군님, 잠깐 군사를 머물게 하고 내 말을 들으소서."

김응서가 놀라서 돌아보니 머리를 산발한 사람이 와서 절을 하거늘 급히 물었다.

"그대는 누구인데 진중에 들어왔는가?"

그러자 그 사람이 땅에 엎드려 아뢰었다.

"저는 조선에 사는 귀신으로 왜덕강이라 하옵니다."

"할 말이 무엇인고?"

"장군님이 군사를 급히 행군하옵기에 만류하러 왔나이다. 군사를 사흘만 더 머물게 하면 반드시 공을 이룰 것이나, 급히 행군하면 크게 패할 것이옵니다."

하고는 문득 간 곳이 없었다. 이에 김응서가 급히 강홍엽을 만나 사흘 동안 군사를 머물러 있게 하자고 말했다.

"그게 무슨 말이오? 한낱 귀신의 말을 믿고 군대를 쉬게 하다니 아니 될 말이오."

하며 강홍엽은 들은 척도 하지 않았다. 김응서는 몇 번이고 간청하다가 강홍엽이 끝끝내 고집을 부리자 탄식하며 말했다.

"장군이 이대로 갔다가 패하더라도 나를 원망치 말라."

이에 조선 군사는 배를 타고 여러 날 만에 왜국에 당도하여 동설령으로 향했다.

한편 왜국에서는 조선을 치러 나간 군사가 대패하여 돌아옴을 분히 여겨 군병을 밤낮으로 조련하고 있었다.

그러다가 조선 군사가 왜국에 상륙했다는 말을 듣자 동설령 좌우에다 군사를 매복시켜 기다렸다.

김응서는 천기와 진리를 살피고 강홍엽에게 간곡히 말했다.

"동설령은 지세가 험하니 들어가면 반드시 위험에 처할 것이오."

그러나 강홍엽은 듣지 않고 군사를 곧장 동설령 안으로 진격시켰다. 그러자 좌우 골짜기에서 대포 소리가 크게 울리며 미리 매복해 있던 왜병들이 몰려나와 들이치니, 조선 군사는 미처 정신을 차릴 사이도 없이 이십만 명의 대병이 삽시간에 죽어 버렸다.

시체가 산같이 쌓이고 피가 강물이 되어 흐르니 김응서가 하늘을 우러러 탄식했다.

"만리 타국에 들어와 대병을 모두 죽였으니 무슨 낯으로 고국에 돌아가 전하를 뵈오리요. 여기서 죽는 것이 차라리 마음이 편하리라."

이어 강홍엽을 돌아보고 크게 꾸짖었다.

"이것은 모두 장군 탓이로다!"

강홍엽이 부끄러워 고개를 숙이고 아무 대꾸를 하지 못했다.

이 때 왜장 홍대성 등이 임진년의 원수를 갚으려고 칼을 뽑아 들고 달려들었다. 그렇지 않아도 분노를 누를 길 없던 김응서는 벽력같이 호통치며 달려들어 불과 십 합도 안 되어 두 명의 목을 베었다.

이에 왜왕은 크게 놀라 싸우지 말고 서로 화친하자고 사신을 보냈다. 군사 없는 김응서와 강홍엽은 하는 수 없이 왜왕 앞으로 나아가니, 왜왕이 크게 기뻐하며 좋은 말로 위로했다.

두 장수는 군사를 잃고 고국으로 돌아갈 수도 없고 해서 왜국에서 세월을 보내니 어언 삼 년이 지났다. 그러자 왜장은 금은보화와 미녀로써 두 장수를 유혹하는데, 김응서는 눈 하나 까딱하지 않았지만 강홍엽은 그만 왜왕의 꾀임에 넘어가 부귀와 영화를 탐냈다.

김응서는 이에 분함을 참을 길이 없어 하루는 강홍엽에게 가서 꾸짖듯이 말했다.

"옛글에 충신은 두 임금을 섬기지 않고 열녀는 두 지아비를 섬기지 않는다고 했으나, 장군의 뜻은 이미 바뀐 듯하오. 나는 이제 왜왕의 목을 베어 가지고 고국으로 돌아가 전하를 뵈옵고 죄를 청하려 하니 그리 아시오."

그러나 강홍엽은 고국으로 돌아갈 뜻이 없어 도리어 김응서가 한 말을 왜왕에게 고해 바쳤다.

왜왕이 크게 성이 나 수만 명의 군사를 풀어 김응서를 잡으려고 했다. 일이 틀어졌음을 깨닫자 김응서는 하늘을 우러러 깊이 탄식했다.

"내, 왜왕의 머리를 베어 분함을 델까 했으나 강홍엽이 배반할 줄이야 어찌 알았겠는가. 슬프도다! 만리 타국에 와서 죽으니 하늘이 나를 돕지 아니하는구나. 일이 틀린 이상 소인배 홍엽을 죽여 전하께 죄를 조금이라도 덜 짓게 하리라."

김응서는 즉시 장검을 빼어들고 나는 듯이 달려가 강홍엽을 내려치니 머리가 땅에 떨어졌다. 그리고 자기도 그 자리에서 스스로 목을 찔러 죽으니 하늘도 슬퍼하는지 갑자기 천지가 컴컴해지며 뇌성벽력이 울리었다.

이 때 임금께서는 두 장수와 이십만 명의 대병을 왜국에 보내 놓고 소식이 없어 무척 근심하였다.

삼 년째 되는 어느 날, 임금께서 용상에 기대어 잠깐 졸고 있는데 갑자기 김응서가 생시의 모습으로 나타나 아뢰었다.

"소신이 힘을 다해 왜왕의 머리를 베어 전하의 은혜를 만분지 일이라도 갚을까 했으나 불행히도 강홍엽이 제멋대로 하는 바람에 이십만 명의 대병을 모두 죽이옵고 구차한 삶을 살았나이다. 그러다가 몰래 왜왕의 머리를 베어 가지고 고국으로 돌아오려고 하였더니, 강홍엽이 끝내 배반하는 바람에 소신은 홍엽을 베고 자결했나이다. 신은 비록 황천에 가 있으나 귀신이라도 전하를 도와 이 나라를 편안케 하오리다."

임금께서 깜짝 놀라 깨어보니 한바탕의 꿈이었다.

임금이 크게 상심하고 있을 때 왜국에서 보내온 김응서의 목이 대궐에 닿았다.

이에 임금께서는 애통해하시며 후히 장사지내어 충신의 넋을 위로했다.

세월은 흘러 경자년 삼월이 되었다. 이 때 묘향산에서 불도를 닦고 있던 서산 대사가 문득 천기를 살피더니 안색이 변해 산을 내려와 곧바로 임금께 나아가 뵙기를 청했다.

임금께서는 서산 대사의 높은 덕을 익히 듣고 있던 터라 황망히 맞이해 하문하셨다.

"대사께서 어인 연고로 갑자기 짐을 보고자 하오?"

서산 대사가 합장하여 아뢰었다.

"빈승이 천기를 보오니, 왜적이 임진년의 원한을 갚으려고 다시 조선을 침략하겠기에 이를 여쭈려고 왔나이다. 지금 김응서 같은 장수가 죽고 없나니 누가 왜적을 당해 내겠나이까?"

임금께서 듣고 크게 놀라시었다.

"그렇다면 어찌해야 좋을꼬?"

"빈승에게 왜적이 다시 나오지 못하게 할 묘책이 있나이다."

"어디 말씀해 보오."

"빈승의 제자 사명당이 육도 삼략에 통달하옵고 팔만대장경과 둔갑술에 능통하오니 왜국에 사신으로 보내옵소서."

임금께서는 크게 기뻐하시어, 즉시 사명당을 불러 간곡히 분부하였다.

"서산 대사의 말을 들으니 그대가 높은 재주를 지녔다고 하니, 왜국으로 들어가 항복을 받아 후환을 없게 하라."

"소승이 어찌 수고를 아끼겠나이까?"

사명당은 공손히 절하고 봉명사신의 직함을 받고 즉시 왜국으로 출발했다. 여러 날 만에 왜국에 당도하자 사명당은 왜왕에게 글월을 보냈다.

'조선국 생불인 사명당이 당도했으니 왜왕은 공손히 접대하라.'

왜왕이 글월을 보고 크게 놀라 대책을 강구했다.

"조선에서 생불이 왔다 하니 어찌하겠는가?"

한 신하가 앞으로 나와 여쭈었다.

"소신에게 묘책이 하나 있나이다. 삼백육십 칸짜리 병풍을 만들어 일만 일천 구의 글을 짓고 병풍에 써서 길에 펼쳐 놓으소서. 그런 다음 사명당을 청해, 천리마를 급히 몰아 사처에 오거든 병풍에 쓰인 글귀를 외워 보라고 하소서. 만약 못 외우면 죽이소서."

대왕이 듣고 그럴듯하게 여겨 그대로 시행하게 했다. 왜국 백성들은 조선에서 생불이 왔다는 소문을 듣고 백 리에 걸쳐 새까맣게 몰려 나와 구경하는데, 사명당이 말을 풍우같이 몰아 지나갔다.

이어 왜왕 앞에 나아가 서로 인사를 나누었다. 왜왕이 물었다.

"사신이 생불이라 칭하니 들어오는 길에 병풍의 글을 보았습니까?"

"보았노라."

왜왕이 청하자 사명당이 크게 웃으며 대답했다.

"어찌 그만한 글을 외우지 못하리요."

하고는 삼경에 시작하여 이튿날 오시까지 외우니 모두 일만 구백구십 구를 물 흐르듯이 엮어 내려갔다.

그러자 왜왕이 고개를 갸웃거리며 물었다.

"어찌하여 열 구는 외우지 않는지요?"

사명당이 눈을 부릅뜨고 호령했다.

"없는 글도 외우라 하느뇨?"

왜왕이 안색이 변해 신하를 불러 일렀다.

"가서 보고 오라."

신하가 갔다 오더니 아뢰었다.

"과연 병풍 두 칸이 닫혀 있어 글 열 구가 보이지 않나이다."

왜왕이 그제서야 크게 놀라 머리를 조아려 사과했다. 첫번째 계교가 실패로 돌아가자 왜왕은 다시 신하를 불러 놓고 의논했다.

그러자 한 신하가 앞으로 나와 계책을 아뢰었다.

"일백오십 자 되는 구리 방석을 만들어 물에 띄우라 하고 앉게 하소서. 제아무리 생불이라 하더라도 이번만은 죽을 것이옵니다."

왜왕이 크게 기뻐하여 즉시 구리 방석을 만들어 놓고 사명당에게 타 보라고 했다.

이에 사명당이 구리 방석에 올라앉아 팔만대장경을 외우니, 동풍이 불면 서쪽으로 가고, 서풍이 불면 동쪽으로 가니 완연히 돛이 달린 배였다.

왜왕이 보고 크게 놀라 탄식했다.

"조선 사신이 저토록 재주가 뛰어나니 어떻게 하리요!"

그러자 또 한 신하가 앞으로 나와 아뢰었다.

"내일은 잔치를 열어 비단 방석을 내 놓고 앉으라 하여 그대로 앉으면 필시 요물이요, 백목을 취하면 부처일 것이니 요물이오면 죽이소서."

왜왕이 그대로 시행하자 사명당은 백팔염주를 손에 들고 백목에 앉으니 왜왕이 의아하여 물었다.

"대사는 어찌하여 비단을 취하지 아니하고 백목에 앉으시는지요?"

사명당이 엄숙하게 대꾸했다.

"부처가 백목을 취하지 어찌 비단을 취하리요. 백목은 목화에서 핀 꽃이요, 비단은 벌레에서 나온 것이니 취하지 않노라."

잔치가 끝난 후 왜왕은 다시 신하들을 모아 놓고 한숨만 내쉬었다.

"조선 사신은 생불이 분명하니 이 일을 어찌하리요."

그러자 한 신하가 앞으로 나와 여쭈었다.

"내일은 구리로 된 집을 지어 조선 사신을 안에 넣고 밖에서 문을 잠그고 사면에서 숯불을 피우면 제아무리 생불이라 할지라도 구리집 안에서 죽을 것이옵니다."

왜왕은 이번만은 자신있다 생각되어 구리집 속에다 사명당의 자리를 만들어 놓고 앉으라 한 후 문을 잠갔다. 그리고 사면에서 숯을 쌓고 태우니 불꽃이 일어나며 구리가 녹아 흘렀다. 그러나 사명당은 왜왕의 간계를 미리 알아 사면 벽에 서리 상자를 써붙이고, 방석 밑에는 얼음 빙자를 써 놓은 다음 팔만대장경을 외우니 방 안이 흡사 얼음 창고 같았다.

이것도 모르고 왜왕은 크게 기뻐하며 소리쳤다.

"저렇게 뜨거우니 생불이라도 살아남지 못하리라."

하고는, 신하들을 시켜 문을 열어 보니 사명당이 꼿꼿이 앉아 있는데, 눈썹에는 서리가 끼고 수염에는 고드름이 매달려 있지 않은가.

사명이 크게 꾸짖었다.

"왜국은 남방이라 덥다 하더니 왜 이렇게 추우냐?"

왜왕은 듣고 크게 놀랐으나, 다시 꾀를 내어 무쇠로 만든 말을 시뻘겋게 달군 후 타라 했다.

이에 사명당이 조선을 바라보며 팔만대장경을 외우니 난데없이 구름이 모여들어 소나기가 그치지 않고 쏟아져 삽시간에 성 안에 물이 가득차 백성들이 무수히 빠져 죽었다.

사명당이 왜왕을 보고 호령했다.

"간사한 왜왕은 듣거라. 네가 깨닫지 못하고 생불인 나를 죽이려고 하다니 괘씸하도다. 목숨을 보존하려면 급히 항서를 써서 올리되, 그렇지 않으면 너의 왜국은 동해 바다가 되리라."

왜왕이 그제서야 까무러칠 정도로 놀라 두 손을 비비며 애걸했다.

"비나이다. 생불이신 조선 사신 사명당께 비나이다. 소왕이 무지하여 부처님을 희롱하였으니 그 죄 죽어 마땅하오나 한번만 용서하소서."

"어서 항서를 써서 올려라."

사명당이 거듭 호령하니 왜왕은 즉시 항서를 써서 바쳤다.

이에 사명당은 왜왕을 준절히 꾸짖은 다음 비를 그치게 했다.

임무를 무사히 마친 사명당이 마침내 고국으로 떠나게 되니, 왜왕이 부두까지 나와 전송하였다.

사명당은 왜왕이 다시는 다른 마음을 먹지 못하게 못박았다.

"왜왕은 들으라. 너는 욕심을 내어 청정과 소서를 보내어 우리 동방예의지국을 침범하였으니, 그 죄를 따지면 왜국을 없애 바다로 만들어도 부족하리라. 하지만 인명이 불쌍하여 이번 한번만은 용서해 주는 것이니 다시는 헛된 욕심을 먹지 말라. 다시 한 번 야욕을 품었다가는 용서하지 않겠도다. 그리고 차후에는 매년 인피 삼백 장씩 바치되, 십오륙 세 된 처녀의 가죽으로 바치고, 불알 서 말씩을 바치되 십오륙 세 된 남자아이의 것으로 하라. 만일 하나라도 모자라면 내가 또 건너와 너의 왜국을 불바다로 만들 것이니 그리 알라."

"분부대로 꼭 거행하겠나이다."

왜왕은 벌벌 떨며 명령대로 하겠다고 하늘에 대고 맹세했다.

이에 사명당이 왜왕의 항서를 갖고 고국으로 돌아오니, 그 위풍과 이름이 멀리 중국에까지 떨쳐졌다.

임금께서 사명당을 맞이하여 극구 칭찬하였다.

"대사가 왜국에 들어가 항복을 받았으니, 그 공로는 천추에 빛날 것이로다."

하시고는, 서산 대사와 사명당에게 벼슬을 내리려고 했으나 두 대사는한 사코 사양하고 산속으로 홀연히 떠나갔다. 임금께서는 크게 섭섭하시어 백관을 데리고 멀리까지 전송했다.

그 후 왜왕은 인피 삼백 장과 불알 서 말씩을 매년 바치고, 동래 땅에 왜관을 짓고 구리 삼백육십 근, 주석 삼만 육천 근, 쇠통 삼만 육천 근, 시우쇠 삼만 육천 근으로 매년 조공을 바치고 다시는 외람된 생각을 먹지 못했다. 이에 조선 임금께서는 왜왕에게 금자광록대부의 벼슬을 내려 위로했다.

징비록

유성룡

지은이

1542~1607년. 조선 중기의 문신. 호는 서애. 이황에게 학문을 배워, 1566
년 문과에 급제했다. 홍문관, 사간원 등을 거친 뒤, 1582년부터는 최고 책임
자로 활동했다. 1592년에 임진왜란이 일어나자 영의정으로 있으면서 도체찰
사를 겸하여 군사 일을 총괄했다. 군대 양성, 무기의 제조, 성곽의 수축을 건
의하였으며, 임진왜란의 원인과 전쟁 상황 등을 기록한 〈징비록〉을 지었다.

징비록

제1권

두 가지 대답

선조 19년(1586년), 일본의 도요토미 히데요시(풍신수길)가 사신 귤강광을 시켜 우리 나라와 서로 왕래하기를 바란다는 편지를 보내 왔다.

도요토미 히데요시는 무력으로 일본의 모든 섬들을 평정하고, 나아가 나라 안의 66주를 하나로 통일한 사람으로, 일본에서는 그를 왕이라 부르지 않고 '관백'이라 불렀다. 이에 우리 나라에서는 물길이 험해서 사신을 보내지 못한다는 회답을 보냈다.

귤강광이 돌아가 그대로 전하자, 도요토미 히데요시는 크게 노하여 그를 목베어 죽였다. 그런 다음, 다시 평의지를 우리 나라에 보내 통신사를 보내 달라고 청했다.

평의지라는 사람은 일본의 주병 대장인 고니시 유키나가(소서행장)의 사위로서, 도요토미 히데요시가 아끼는 부하였다.

우리 조정에서는 그 때까지 물길이 험하다는 것을 구실로 통신사 보내는 것을 미루어 왔는데, 도요토미 히데요시는 우리 입을 막기 위해 이렇게 전해 왔다.

"평의지는 대마도주의 아들로서 물길에는 매우 익숙하니, 통신사를 그와 함께 보내도록 하시오.”

평의지는 숙소인 동평관에 머물면서, 기어이 우리 나라의 통신사와 함께 돌아가겠다고 고집했다.

그러나 조정에서는 그 때까지도 어떻게 해야 좋을지 갈피를 잡지 못한 채 한동안 이런저런 의논만 오갔다.

얼마 후, 대제학이 된 나는 일본에 보낼 국서를 쓰게 되었다.

나는 임금께 다음과 같은 글을 올렸다.

‘왜국과의 수교는 빠를수록 좋습니다. 두 나라 사이가 틀어지지 않도록 부디 빨리 결정을 내리시옵소서.’

그 뒤를 이어 다른 대신들도, 이 기회에 왜국의 사정을 살펴보는 것도 해롭지 않을 것이라고 아뢰었다.

그리하여 비로소 조정의 의견이 하나로 모아졌다.

임금께서는 사신으로 보낼 만한 사람을 추천해 올리라고 하셨다.

대신들이 의논한 결과, 첨지 황윤길과 사성 김성일이 통신사로 뽑혀 각각 상사와 부사가 되고, 허성이 서장관에 임명되었다.

그들은 선조 23년(1590년) 3월 평의지와 함께 일본으로 떠났다가, 이듬해 봄에 돌아왔다.

황윤길은 부산에 닿자마자 먼저 글을 올려 그 동안 일본에서 겪은 여러 가지 일과 그 나라 정세를 낱낱이 보고했다. 끝으로 그는 여러 가지 징조로 미루어 볼 때 머지않아 반드시 전쟁이 일어날 것이라고 덧붙였다.

사신 일행이 서울에 돌아와 보고하는 자리에서 임금께서는 일본의 사정을 다시 물으셨다.

황윤길의 대답은 먼저 올린 글의 내용과 같았다.

그러나 김성일은 정반대의 대답을 했다.

“신은 왜국에서 전쟁이 일어날 만한 징조는 찾지 못했습니다.”

이렇게 되자, 대신들의 의견도 황윤길이 옳다고 하는 쪽과 김성일이 옳다고 하는 쪽 둘로 나뉘었다.

나는 김성일을 따로 불러 물어보았다.

"황 사신과 정반대 의견을 이야기했는데, 만약 앞으로 왜인으로 인해 전쟁이 일어나면 어쩌실 거요?"

그러자 그는 말했다.

"물론 저도 왜인이 언제까지나 조용히 있을 것이라곤 생각지 않습니다. 하지만 황 사신의 말에 혹 민심이 흔들릴까 걱정이 되어 그렇게 말씀드린 것입니다."

그 때 통신사가 가지고 온 일본의 국서에는 '군사를 이끌고 명나라로 쳐들어가겠다'는 구절이 있었다.

나는 명나라에 사실 그대로 알리자고 했으나, 영의정 이산해가 반대하고 나섰다.

"그랬다가 만약 명나라에서 우리가 자기들 허락도 없이 왜국과 수교한 것을 나무라면 어쩌려고 그러시오? 내 생각에는 말하지 않는 게 좋을 것 같소."

그래서 나는 다시 말했다.

"아무리 명나라라 할지라도 볼일이 있어 이웃 나라와 왕래하는 것까지 말할 수는 없는 일이지요. 실제로 왜국이 명나라로 쳐들어갈 생각을 가지고 있다면, 그리고 이 사실을 다른 경로를 통해 알게 된다면, 명나라에서는 아마 우리가 왜국과 짜고 알리지 않은 것이라고 의심할 것입니다. 그렇게 되면 그 문책이 단순히 왜국과 수교한 것과는 비교가 되지 않을 것입니다."

대신들 중에는 내 주장이 옳다고 여기는 사람이 많았으므로, 결국 김응남을 명나라에 보내 사실을 알리기로 했다.

그러는 한편, 변방 사정에 밝은 사람을 뽑아 충청도, 경상도, 전라도의 삼도를 돌아보고 적의 침략에 대비할 방도를 마련하도록 했다.

그리하여 각 도마다 병기를 갖추고 성을 쌓게 되었는데, 삼도 가운데 특히 경상도에서 가장 많은 성을 새로 쌓았다.

그런데 그 성이란 것이 하나같이 그 주변의 지형을 제대로 살펴 쌓지 않은 바람에, 쓸데없이 크고 넓기만 할 뿐 실제로 전쟁이 벌어지자 그 구실을 제대로 못했다.

진주성 같은 것이 그 대표적인 예이다. 원래의 진주성은 험준한 지형을 잘 이용하여 쓸모가 많았다. 그런 것을 너무 작다면서 동쪽 낮은 평지로 옮겨 다시 쌓았는데, 나중에 왜적이 쳐들어오자 결국 무너지고 말았다.

왜란의 시작

왜적이 쳐들어올 것이라는 소문이 계속 들려오자, 임금께서는 장수가 될 만한 사람을 추천해 올리라고 하였다.

나는 정읍 현감으로 있는 이순신을 추천했다.

이순신이 전라 좌도 수군 절도사가 되자, 조정 대신들 중에는 이순신의 승진을 뜻밖으로 여기는 사람도 있었다. 그러나 그는 용기가 있고 지략이 뛰어난 사람으로, 말타기와 활쏘기에 있어 그를 따를 자가 없었다.

일찍이 북쪽 변두리인 조산에서 만호를 지낼 때는 그 용기와 지략으로 오랑캐들이 감히 우리 나라를 넘보지 못하게 만들었다.

임금께서는 또 경상 우병사 조대곤을 물러나게 하고 그 자리에 승지 김성일을 임명했다. 그러자 이를 못마땅하게 여긴 비변사에서 들고일어났다.

"이런 비상 시기에 문신인 김성일을 그런 자리에 앉히는 것은 옳지 않습니다."

그러나 임금은 그들의 말에 귀를 기울이지 않았다. 김성일은 임금께 인사를 올리고 경상도로 떠났다.

4월 13일, 드디어 부산포가 왜적의 손에 들어갔다.

그 전에 왜국의 사신 평조신과 현소가 통신사 일행과 함께 서울에 들어와 동평관에 머무르고 있을 때, 비변사에서 임금께 아뢰었다.

"통신사로 갔던 사람들로 하여금 왜국의 사신에게 술대접을 하게 하십시오. 그 자리에서 왜국의 속셈을 알아 내어, 방비책을 세우는 것이 좋을 듯합니다."

임금이 허락하자, 김성일이 동평관에 나가 그들과 술자리를 함께 했다. 그 자리에서 현소가 은근한 어조로 말했다.

"명나라가 오랫동안 우리 나라와 왕래를 끊어 조공 길이 막혀 있습니다. 관백(도요토미 히데요시)께서는 이를 못마땅하게 생각하셔서 싸워서라도 뜻을 이룰 작정인 것 같습니다. 그러니 조선에서 이런 사정을 명나라에 잘 말해서 조공 길이 트이도록 해 보십시오. 그러면 모든 것이 잘될 것입니다."

김성일은 당치 않은 소리라며 나무라기도 하고 달래기도 했다.

하지만 현소는 그 말을 들으려 하지 않고 무례하게 대꾸했다.

"옛날에 고려가 원나라 군사의 길잡이가 되어 우리 나라를 친 일이 있지 않았소? 우리가 지금 그 원수를 갚으려 하는데, 무엇이 당치 않다는 겁니까?"

조정에서는 그들과는 더 이상 대화를 해 봐야 소용없다고 생각했다. 평조신과 현소는 그대로 일본으로 돌아갔다.

신묘년(1591년)이 되었다. 이번에는 평의지가 부산포에 왔는데, 그는 우리의 변방 장수에게 협박하듯이 말했다.

"일본은 명나라와 국교를 맺고 싶소. 조선에서 명나라에 이 사실을 알려 주면 괜찮지만, 만일 그렇지 않으면 두 나라 사이에 평화를 보장할 수 없소."

이 보고를 들은 조정에서는 통신사를 일본에 보낸 것이 잘못이었다며, 평의지의 오만 무례한 태도를 못마땅히 여겨 아무 회답도 하지 않았다.

열흘이 넘도록 배에서 회답을 기다리던 평의지는 앙심을 품고 자기 나라로 돌아갔다.

그 후로 일본에서는 다시 사람을 보내지 않고, 부산포와 왜관에 있던 왜인들도 하나 둘 자기 나라로 불러들였다. 그러다가 4월 13일에 마침내 왜적이 부산포로 쳐들어왔다.

그 때 부산포 첨사 정발은 절영포(부산 영도)에서 사냥을 하고 있었는데, 그 소식을 듣고 헐레벌떡 성으로 돌아왔다. 하지만 왜적은 이미 육지로 올라와 사방에서 성을 에워싸고 있었다. 성은 눈 깜짝할 사이에 무너지고 말았다.

그 뒤를 이어 서평포, 다대포, 동래성, 양산, 김해 등이 차례로 무너졌다.

4월 17일 이른 아침, 경상 좌수사 박홍이 위급한 사정을 알리는 장계를 보내 왔다.

박홍은 그 장계에서 '높은 데 올라가 내려다보니 성 안이 온통 붉은 깃발투성이입니다' 라고 하여 부산이 함락되었음을 알려 왔다.

당시 무장들 중에서는 신입과 이일이 가장 이름이 났다.

조정에서는 이일을 순변사로 임명하여 싸움터로 내려보내기로 했다. 그런데 이일이 병조에서 뽑았다는 군사들을 살펴보니, 대부분 장사꾼이나 아전, 그리고 나약하기 짝이 없는 유생들뿐으로 도저히 군사라고 할 수가 없었다. 유생들은 관복을 입은 채 옆구리에 책을 끼고 있었고, 아전들은 모두 머리에 두건을 쓰고 있었다. 그리고 하나같이 무슨 수를 쓰든 군사로 뽑혀 나가는 것을 모면해 보려는 속셈이 엿보였다.

이런 형편이니 데리고 갈 만한 군사가 없었다. 이일은 조정의 명령을 받고도 사흘이 지나도록 임지로 떠나지 못했다. 어쩔 수 없이 조정에서는 이일을 먼저 떠나게 한 다음, 그 밑의 별장 유옥으로 하여금 군사를 모아 뒤따라가도록 했다.

나는 임금께 장계를 올려 병조 판서 홍여순을 다른 사람으로 바꿔야 한다고 아뢰었다.

그러자 임금은 병조 판서에 김응남, 병조 참판에 심충겸을 임명했다.

나는 영의정 이산해의 추천으로 모든 장수들을 감독하고 검열하는 체찰사의 책임을 맡게 되었다.

이에 나는 임금께 아뢰어 김응남을 부사로 삼고, 전에 의주 목사로 있다가 다른 사람의 일에 관련되어 옥에 갇혀 있던 김여물의 죄를 사면해 주도록 청하여 나를 따르도록 했다. 그리고 무사들 중 비장 일을 볼 만한 사람 80여 명을 뽑았다.

그 무렵, 전장에서 잇달아 급보가 올라왔다. 적의 선발대가 벌써 밀양, 대구를 거쳐 얼마 안 있어 조령에 이를 것이라는 소식이었다.

"일이 몹시 급하게 되었는데, 장차 어찌하면 좋겠소?"

내 말에 신입이 대답했다.

"이일이 전방에 나가 있는데 뒤에서 받쳐 줄 군대가 없으니 딱한 노릇입니다. 체찰사께서 내려가신다고 하지만, 직접 전투에 나서는 장수하고는 다르잖습니까. 그러니 다른 장수를 먼저 내려보내 이일을 돕게 하는 게 좋을 듯싶습니다."

신입 자신이 가고 싶어하는 눈치가 역력했으므로, 나는 김응남과 함께 임금을 뵙고 그런 사정을 아뢰었다.

임금은 신입을 불러 의견을 물어본 다음, 그를 도순변사에 임명했다.

신입은 대궐 문밖으로 나가서 직접 군사들을 모집했다. 그러나 누구 하나 자청해서 따라 나서려고 하는 군사가 없었다.

내가 중추부에서 떠날 준비를 서두르고 있는데 신입이 찾아왔다. 그 때 중추부 뜰에는 내가 모집한 군사들이 모여 있었다. 신입의 얼굴에 못마땅한 기색이 있었다.

신입은 김응남과 나를 번갈아 쳐다보더니, 김응남을 가리키면서 나에게 말했다.

"저런 분을 무슨 일에 쓰시겠습니까? 차라리 소인이 부사가 되어 따라가고 싶습니다."

나는 그가 못마땅해하는 것이 군사들이 자기를 따르지 않기 때문임을 알고 있었다. 그래서 웃으면서 말했다.

"나는 나중에 따로 모집해서 가도 되니, 저 뜰에 있는 군사들을 공이 데리고 먼저 떠나시오."

그러면서 나는 군관들의 명단을 그에게 넘겨 주었다.

신입은 비로소 표정이 부드러워져서 뜰의 군사들을 향해 소리쳤다.

"모두들 나를 따라오너라!"

그리고 그가 앞장서서 나가자, 군사들은 그 뒷모습을 쳐다보다가 기운 없이 따라나갔다. 김여물도 그들과 함께 나갔는데, 못마땅해하는 기색이 역력했다.

신입이 떠나기 전에 임금은 친히 그를 불러 보검을 내렸다.

임금의 앞을 물러나온 신입은 다시 대신들을 찾아와 인사를 했다. 그런데 그가 인사를 마치고 뜰을 내려선 순간, 별안간 머리에 썼던 사모가 땅에 떨어졌다. 옆에 있던 사람들은 모두 얼굴빛이 변했다.

김성일과 이일

상주에 이른 경상 우병사 김성일은 왜적들이 벌써 국경을 침범했다는 소식을 들었다. 그는 밤낮으로 말을 달려 본영을 향해 나아가다가, 도중에 조대곤을 만나 그로부터 인장과 병부를 받았다.

그 무렵, 적은 이미 김해를 함락시키고 경상 우도의 여러 고을을 닥치는 대로 노략질하고 있었다.

마침내 김성일과 군사들은 적과 정면으로 부딪쳤다. 적을 본 장병들은 겁에 질려 달아나려고 했다.

그 모양을 보고 김성일이 말에서 내려 군관 이종인을 불러서 크게 꾸짖었다.

"군인이 적을 보고 달아나려고 하다니, 그래 가지고 장부라 할 수 있겠는가!"

바로 그 때, 적의 기병 하나가 쇠로 만든 탈을 쓰고 칼을 휘두르며 덤벼들었다. 그러자 이종인이 말을 달려 나가더니, 활을 당겨 단번에 적을 쏘아 거꾸러뜨렸다. 이를 본 적들은 놀라서 뿔뿔이 흩어져 감히 돌진해 올 생각을 못했다.

그 틈을 타서 김성일은 흩어진 군사들을 다시 불러 모아 전열을 가다듬었다. 그런 다음, 여러 고을에 공문을 띄웠다.

그런데 그 때 임금께서는 김성일이 일본에 통신사로 갔다가 돌아와 '왜국에서 우리 나라를 침략할 징조를 보지 못했다'라고 보고한 일을 문제삼아 김성일을 잡아 올리라고 명했다.

결국 김성일은 의금부 도사에게 붙잡혀 가게 되었는데, 그 소식을 듣고 경상 감사 김수가 길에 나와 작별 인사를 했다.

김성일은 한 마디 변명도 하지 않았다. 또 집안일에 대해 부탁하지도

않았다. 다만 의연한 얼굴로 힘껏 적을 물리치라고 당부했을 뿐이었다.

그 모양을 곁에서 지켜본 한 늙은 아전이 감탄하여 중얼거렸다.

"잡혀가 죽을지 모르는 지경에도 오직 나랏일만 걱정하니, 참으로 충신이로다."

김성일은 묶인 몸으로 길을 떠나 직산에 이르렀다.

그 동안에 노여움이 풀린 임금은, 그의 죄를 용서하고 경상 우도 초유사로 삼는다는 명을 내렸다. 이는 김성일이 경상도 백성들에게 인심을 얻고 있음을 알기 때문에 내린 명이기도 한데, 이로써 흐트러진 민심이 수습되었다.

순변사 이일은 상주가 왜적에게 함락된 후 충주로 돌아갔다.

그에 앞서, 왜적이 침입했다는 소식을 들은 문경 이남의 수령들은 각기 군사를 거느리고 대구로 나갔다. 그들은 냇가에서 노숙을 하면서 서울에서 순변사 이일이 오기만을 기다리고 있었다.

그런데 며칠이 지나도 순변사는 오지 않고 적들만 차츰 가까이 다가왔다. 군사들의 마음이 흔들리기 시작했다. 게다가 큰비가 쏟아지는 바람에, 옷은 다 젖고 먹을 것까지 공급되지 않았다.

이렇게 되자 군사들은 한밤중에 모두 어디론가 흩어져 버리고, 수령들까지 제각기 살 길을 찾아 도망가 버렸다. 그 때, 순변사 이일이 문경에 이르렀다. 이미 성 안은 텅 비어 사람이라곤 그림자도 보이지 않았다. 이일은 직접 창고에 있는 곡식 자루를 풀어 군사들에게 나누어 먹였다. 그런 다음, 다시 길을 떠나 상주에 다다랐다.

상주 목사는 김해였다. 그는 순변사를 역참에서 기다리기로 했으나 어느 새 산 속으로 달아나고, 판관 권길 혼자 고을을 지키고 있었다.

이일은 군사가 다 달아난 책임을 물어 권길의 목을 베려고 했다. 그러자 권길은 자기가 나가 군사를 모아 오겠다고 하여 죽음을 면했다.

과연 권길은 수백 명을 데리고 다음 날 아침에 돌아왔다. 하지만 그가 데리고 온 것은 군사들이 아니라 모두 농민이었다.

이일은 고을을 떠난 백성들을 부르기 위해 창고 안에 있는 곡식을 풀었다. 그러자 산골짜기에 숨어 있던 병사들도 하나둘 모여 수백 명에 이르렀다. 급한 대로 그들을 데리고 부대를 조직했으나, 그 때 왜적은 이미 선산에 와 있었다.

저녁때, 한 개녕 사람이 달려와서 적들이 가까이 왔다고 알렸다. 이일은 헛소문으로 군사들의 마음을 흔들어 놓는다고 법에 따라 목을 베려고 했다. 그러자 그는 엎드려 울면서 말했다.

"어째서 제 말을 믿지 못하십니까? 그렇다면 저를 하룻밤만 가둬 두고 기다려 보십시오. 아마도 내일 아침이면 적들이 여기까지 올 것입니다. 제 말이 틀리거든 그 때 목을 치셔도 늦지 않을 것입니다."

그날 밤, 적들은 상주에서 20리 떨어진 장천에 와서 진을 쳤다. 하지만 이일의 군대에는 척후병이 없었으므로, 적이 그렇게 가까이 다가온 줄도 몰랐다.

다음 날 아침, 이일은 개녕 사람을 옥에서 끌어 냈다.

"아직 적이 가까이 온 징조가 보이지 않으니, 너는 마땅히 죽을 수밖에 없다."

그리하여 죄없는 사람의 목이 달아났다.

이일은 군사라고도 할 수 없는 8,9백 명을 북쪽 냇가로 데리고 갔다. 진 치는 법을 가르치기 위해서였다.

산을 의지하여 진을 만들고 진 한가운데 대장기를 꽂아 놓은 다음, 이일은 말을 탄 채 대장기 밑에 섰다. 종사관 윤섬과 박호, 판관 권길 등 참모들도 모두 말에서 내려 그 뒤에 섰다.

바로 그 때, 멀지 않은 숲 속에서 두어 사람이 나타나 우리 편을 바라보다가 사라졌다.

군사들 중 몇 명은 적의 척후병이 우리 편을 염탐하는 것이 아닌가 생각했다. 그러나 아침에 개녕 사람의 목이 잘리는 것을 보았으므로, 감히 그 사실을 이야기하지 못했다.

얼마 후, 성 안 여기저기서 연기가 피어올랐다. 비로소 이일은 군관 한 사람을 보내 사정을 알아보게 했다.

군관이 말을 타고 가는데, 다리 밑에 숨어 있던 왜적이 조총을 쏘았다. 군관이 말에서 떨어지자, 적은 재빨리 그 목을 베어 가지고 달아났다. 그 모양을 보고 우리 편 군사들은 혼비백산했다.

적은 곧 무리를 지어 몰려와 조총을 쏘아 댔다. 우리 편 군사들은 그 자리에 픽픽 쓰러져 죽어 갔다.

이일은 군사들에게 활을 쏘라고 소리쳤다. 그러나 화살은 겨우 수십 보 밖에 나가지 못해 적의 조총에 상대가 되지 않았다.

적은 깃발을 앞세운 채 죄우에서 우리 편을 에워싸며 돌진해 왔다. 아무래도 안 되겠다고 생각한 이일은 말머리를 돌려 북쪽으로 달아났다. 지휘하는 사람이 없어지자, 군사들은 큰 혼란에 빠져 제각기 살 길을 찾아 뿔뿔이 도망쳤다. 하지만 그 가운데 목숨을 건진 사람은 몇 명 안 되었다.

적이 뒤쫓아오자, 이일은 말을 버리고 옷마저 벗어던진 채 머리를 풀고 알몸으로 달아났다.

가까스로 문경에 도착한 이일은 적에게 당한 사정을 임금께 자세히 적어 올리고 물러가서 새재를 지키려고 했는데, 마침 신입이 충주에 있다는 소식을 듣고는 그리로 달려갔다.

전략의 실패

조정에서는 동지사 이덕형을 왜병의 진영으로 보냈다.

앞서 이일이 상주에서 왜적에게 패할 때, 그 진영에 있던 일본말 통역관 경응순이 포로로 잡혀 갔다.

왜장 고니시 유키나가는 그에게 도요토미 히데요시의 편지를 주며 말했다.

"만일 조선에서 우리와 강화할 생각이 있다면, 이덕형을 충주로 보내라."

이덕형은 전에 선위사로서 왜국 사신을 접대한 적이 있었으므로, 고니시 유키나가가 그를 보내라고 했던 것이다.

혹시 왜군의 진격을 늦출 방법이 있지 않을까 하는 기대가 있었고, 또 이덕형도 자신이 사신으로 가겠다고 나섰으므로, 조정에서는 답장을 마련하여 경응순과 함께 떠나도록 했던 것이다.

도중에 이미 충주가 함락되었다는 소식이 들려오자, 이덕형은 경응순을 앞서 보내어 사정을 알아 오도록 했다. 그런데 경응순은 적장 가토 기요마사(가등청정)에게 잡혀 죽음을 당하고 말았다.

어쩔 수 없이 이덕형은 발길을 되돌려 임금께 가서 사실대로 아뢰었다.

신입은 충주에 들이닥친 적을 맞아 싸우다가 목숨을 잃었다. 그러자 우리 군사들은 사기를 잃고 무너졌다.

신입은 충주에 있을 때 충청도 여러 고을의 군사들을 모았다. 하지만 그 숫자는 고작 8천 정도였다.

애초에 신입은 조령을 지키려고 했으나, 이일이 패했다는 소식을 듣고는 충주로 돌아왔던 것이다. 그리고 이일과 변기를 충주로 불렀다. 우리 편 장수들은 결국 조령과 같은 군사적 요새는 그대로 버려둔 채 군사를 다그치는 호령 소리만 요란했던 것이다. 그러니 그들이 패한 것은 너무도 당연한 일이었다.

신입의 부하 군관이, 적군이 이미 조령이 넘었다는 정보를 가지고 왔다. 그 때가 4월 27일 초저녁이었다. 신입은 그 소식을 듣자마자 성 밖으로 뛰어나가 한동안 그 모습을 볼 수가 없었다. 신입이 다시 돌아온 것은 밤이 이슥해서였다.

다음 날 아침, 신입은 지난 밤에 보고를 했던 군관을 끌어 내어 꾸짖었다.

"너는 왜 그런 요망스런 말을 하여 군사들의 마음을 어지럽히느냐?"

그리고 그 군관을 목베어 죽였다.

그런 후, 신입은 임금께 장계를 올려 적병이 아직 상주를 벗어나지 않았다고 알렸다. 그 때 이미 적은 십 리 앞까지 다가와 있었지만, 우리 편은 그 사실을 알지 못했다.

신입은 군사들로 하여금 충주 서쪽에 있는 탄금대 앞 두 강 사이에 진을 치게 했다. 강 양쪽에는 벼가 크게 자란 논이 있었고, 또 길가에는 잡초가 우거져 사람과 말이 내달리기에는 몹시 불편한 곳이었다.

얼마 후, 단월역 쪽에서 왜군이 마치 비바람이 몰려오듯 쳐들어왔다. 그들은 길을 나누어 진격해 왔는데, 한 무리는 산을 넘어 동쪽으로 몰려오고 다른 한 무리는 강을 끼고 달려왔다. 뽀얀 먼지가 하늘을 온통 뒤덮고 요란한 총소리는 땅을 울렸다.

당황한 신입은 말을 몰아 적진으로 쳐들어가려고 두 차례나 채찍을 휘둘렀다. 하지만 마음대로 되지 않았다. 다 틀렸다고 생각한 그는 말머리를 돌려 강물로 뛰어들어 스스로 목숨을 끊고 말았다.

그 뒤를 이어 수많은 군사들이 강물로 뛰어들어 죽으니, 강이 그 시체들로 메워지다시피 했다.

김여물도 이 때 죽었으나, 이일은 동쪽 산골짜기로 달아났다.

적의 힘이 강하다는 소문이 들리자, 조정에서는 이일 혼자서는 당해 내지 못할 것이라 생각하여 다시 신입을 보냈던 것이다. 신입은 이름 높은 장수였으므로, 군사들이 모두 그를 겁내어 그 명령에 잘 따르리라 생각했던 것이다. 신입이 군사를 거느리고 뒤따라가 이일을 돕고, 그리하여 이름 있는 두 장수가 서로 힘을 합한다면 적을 막는 일은 염려하지 않아도 될 것이었다. 참으로 나무랄 데 없는 계략이었다. 하지만 현실은 생각했던 것과는 달랐다.

게다가 경상도의 장수들은 수군이나 육군이나 거의 모두 겁이 많은 자들이었다. 수군 중 좌수사 박홍은 한번도 군사를 출동시키지 않았다. 우수사 원균도 마찬가지다. 뱃길이 다소 멀다고 해도 그들은 많은 배들을 거느리고 있으니 출동할 만했다. 적들이 하루 이틀에 몰려온 것도 아니니, 틈을 보아 원균이 모든 군사를 거느리고 나가 한번만이라도 싸웠더라면, 적들은 그 후방이 걱정되어 그토록 거침없이 몰려오진 않았을 것이다.

모두들 하나같이 멀리서 바라보기만 할 뿐, 정작 나서서 맞부딪쳐 보려는 자가 없었다. 그러는 사이에 적들은 수백 리 길을 단숨에 달려온 것이다.

육지에 올라온 지 채 열흘도 못 되어 적은 어느 새 상주까지 이르렀다. 장수이면서도 군사를 거느리지 못한 이일은 손님이나 마찬가지였다. 그런 형편에 별안간 적병과 부딪쳤으니, 싸울 수가 없었다. 그리하여 신입은 미처 충주에 다다르기도 전에 패함으로써 우리 편으로 하여금 적을 막아낼 수 있는 근거지를 잃게 하고, 마침내 큰일을 그르치게 했던 것이다. 참으로 원통하기 그지없는 일이다.

이건 훗날 들은 말인데, 상주에 들어온 적은 지형이 험난하여 주둔하기를 망설였다고 한다.

문경에서 남쪽으로 십여 리 떨어진 곳에 옛 산성인 고모성이 있는데, 경상 좌도와 우도의 경계가 되는 곳이다. 이 곳은 지형이 매우 험준하여 자연적인 요새라 할 수 있다. 즉, 깎아지른 듯한 벼랑 한가운데로 폭이 넓은 냇물이 흐르고, 그 옆으로 실오라기처럼 가는 길이 나 있다.

이 곳을 지나가기를 꺼린 적은 척후병을 보내어 몇 차례나 살펴보았다. 이윽고 우리 편 군사가 한 명도 지키지 않는다는 것을 확인한 다음 큰 소리로 노래 부르고 춤까지 추면서 지나갔다는 것이다.

후에 명나라 제독 이여송이 왜적을 쫓아 조령을 지나가면서 탄식했다고 한다.

"신입은 참으로 전략을 모르는 사람이었군. 이와 같이 기막힌 요새를 두고도 지킬 줄 몰랐다니 말이야."

신입은 그 뛰어난 무예로 이름을 얻었으나, 전략을 세우는 면에서는 부족한 사람이었다. '장수가 군사를 부리지 못하면 곧 그 나라를 적에게 주는 것과 같다'고 한 옛말이 괜한 소리가 아니다.

지금 와서 이런 말을 해서 무슨 소용이 있으랴. 이렇게 자세히 적어 두는 것은 훗날의 경계를 삼기 위해서이다.

피란길

임금께서는 4월 30일 날이 밝기 전에 서쪽을 향해 피란길을 떠났다.

신입이 경상도로 간 뒤, 조정에서는 승전보가 오기만 눈이 빠지게 기다렸다. 그런데 4월 29일 해가 넘어갈 무렵 벙거지를 쓴 군졸 셋이 말을 타고 숭인문으로 들어섰다. 사람들이 에워싸고 전장의 소식을 묻자, 군졸들이 숨을 헐떡이며 말했다.

"우리는 순변사 휘하의 군졸들인데, 순변사께서는 어제 충주에서 왜적과 싸우다가 전사하셨소. 그 바람에 모두들 뿔뿔이 흩어지고, 우리는 가까스로 도망하여 가족들을 피란시키려고 이렇게 달려오는 길이오."

사람들은 이 소식에 깜짝 놀라 만나는 사람마다 전하니, 얼마 안 되어 온 장안이 술렁거렸다.

그날 저녁, 임금께서는 대신들과 피란 문제에 대해 상의했다.

임금께서는 궁궐의 동쪽 바깥채 마루에 촛불을 밝히고 앉았는데, 그 곁에는 하원군과 하릉군이 있었다.

이윽고 대신들은 임금께 잠시 평양으로 피란하시기를 권하고, 명나라에 구원을 청하여 잃은 땅을 되찾는 일을 꾀하기를 아뢰었다.

그 때, 장령 벼슬을 하는 권협이 무릎걸음으로 임금께 나아가 큰 소리로 말했다.

"전하, 어떤 어려움이 있다 해도 서울을 버리시면 안 됩니다!"

그 목소리가 지나치게 거칠고 시끄러워 듣기 민망스러웠다.

"군신 간의 예의를 지켜, 조금 물러나서 조용히 아뢰도록 하시오."

내가 말했으나, 권협은 끄떡도 하지 않고 여전히 수선스럽게 굴었다.

"지금 그런 말씀만 하실 때가 아닙니다. 결국은 서울을 아주 버리시려는 것 아닙니까?"

나는 임금께 송구스러운 생각이 들었다.

"권협의 말이 충성스럽기는 하지만, 유감스럽게도 그 말대로 하기엔 이미 때가 늦은 듯싶습니다. 우선 왕자들을 보내시어 각 도에서 근왕병을 모으게 하시옵소서. 그리고 왕세자께서는 전하를 모시고 가는 것이 도리인 줄 아옵니다."

임금께서는 그렇게 하라고 했다.

그리하여 임해군은 함경도, 순화군은 강원도로 가게 되었다. 우의정은 서울에 남아 적을 막아 내는 유도 대장에 임명되고, 영의정은 벼슬아치 수십 명을 데리고 임금의 행차를 따르도록 하라는 명령이 있었다.

이 때, 이일의 장계가 올라왔다. 적군이 늦어도 하루 이틀 안으로는 서울에 당도할 것 같다고 알려 온 것이었다.

얼마 후, 임금이 탄 수레가 대궐문 밖으로 나갔다. 그런데 궁궐을 지키는 군사들은 모두 달아나 숨느라고 캄캄한 가운데 서로 발을 밟고 이마를 부딪치기까지 했다.

경복궁 앞의 큰길을 지날 때, 양옆에서 백성들의 통곡 소리가 들려왔다. 외교 문서를 맡아 보는 승문원의 서원 이수겸이 내가 탄 말의 고삐를 잡고 물었다.

"승문원 안에 있는 문서들은 어찌할까요?"

"그 중 중요한 문서들만 추려 가지고 내 뒤를 따르도록 하게."

내가 말했다.

그러자 이수겸은 눈물을 흘리며 승문원 쪽으로 갔다.

돈의문을 거쳐 사현 고개에 이르렀을 때, 동쪽 하늘이 훤히 밝아 오고 있었다. 성 쪽으로 고개를 돌리니, 멀리 남대문 안 큰 창고에서 불이 나 연기와 불길이 하늘로 솟구치는 것이 보였다.

사현 고개를 넘어 석교에 이르렀을 무렵부터 비가 내리기 시작했다. 경기 감사 권징이 뒤를 쫓아와 일행에 합류했다.

벽제역에 이르자, 빗줄기가 굵어져 모두들 옷이 속속들이 젖었다.

역에 들러 잠시 몸을 녹인 후 다시 길을 떠났는데, 그 때부터 서울로 되돌아가는 관원이 생기기 시작했다. 심지어는 임금을 곁에서 모시는 시종이나 대간까지도 슬그머니 사라지는 경우가 있었다.

이윽고 혜음령을 지날 무렵엔 비가 마치 퍼붓는 것처럼 쏟아졌다. 여윈 말을 탄 궁녀들은 손으로 얼굴을 가린 채 흐느끼며 따라갔다.

경기 북쪽을 지날 때였다. 근처 밭에서 일하던 농부가 일행을 바라보며 소리쳤다.

"그렇게 떠나시면, 우리는 장차 누구를 믿고 살라는 말씀입니까!"

비는 임진강 나루에 이르렀을 때도 그치지 않았다.

강을 건너자 어느덧 날이 저물어 어디가 어딘지 분별하기가 어려웠다.

임진강 남쪽 기슭에 나루터를 관리하던 낡은 집 한 채가 있었다. 혹시 적이 그 집을 헌 다음 그 재목으로 뗏목을 만들어 타고 강을 건너올까 두려웠다. 그래서 그 집에 불을 질렀는데, 워낙 낡고 오래 되어서 그런지 빗속에서도 잘 타올라 강 북쪽까지 환히 비춰 주었다.

동파역에 당도하니, 파주 목사 허진과 장단 부사 구효연이 그 곳에서 임금께 올릴 간단한 수라상을 돌보고 있었다.

음식 냄새를 맡자, 임금을 옆에서 모시는 사람들은 주방으로 달려가서 닥치는 대로 음식을 집어먹었다. 하루 종일 굶은 탓인데, 그러다 보니 임금께 올릴 음식이 모자랄 지경이었다. 그러자 허진과 구효연은 벌을 받을까 겁이 나 달아나고 말았다.

5월 1일, 임금께서 아침 일찍 개성으로 떠나려 했지만, 경기도의 아전과 병졸들이 모두 도망가 버려 수레를 호위하고 갈 사람이 없었다.

바로 그 때, 서흥 부사 남의가 수백 명의 군사와 말 오육십 필을 몰고 도착하여 가까스로 길을 떠나게 되었다.

그런데 그 때 최언준이 임금의 수레 앞에 나서서 말했다.

"궁중 사람들이 어제도 온종일 굶고 오늘도 아직 먹지를 못했습니다. 먹을 것을 구해 조금이라도 요기를 한 후에 떠나도록 해 주시옵소서."

이에 남의가 가지고 온 쌀과 좁쌀 몇 말을 내주었다. 그것으로 일행은 겨우 허기를 면할 수 있었다.

초현참에 도착한 것은 정오경이었는데, 일행은 길 한복판에 쳐 놓은 장막에 들어가 음식을 대접받았다. 그제야 백관들은 모두 배불리 먹을 수 있었다.

그날 저녁, 개성에 도착했다.

임금께서 남문 밖 관서에 나가자, 대간들은 나랏일을 그르친 죄를 물어 영의정을 마땅히 내치라고 번갈아 글을 올렸다. 하지만 임금은 허락하지 않았다.

5월 2일, 대간들이 다시 들고 일어나 글을 올렸다. 할 수 없이 임금께서는 영의정을 내치고 나를 그 자리에 앉혔다. 좌의정에는 최홍원, 우의정에는 윤두수가 임명되었다.

임금께서는 낮에 남쪽 성의 문루에 나가 백성들을 위로하면서 좋은 생각이 있으면 말해 보라고 했다. 그러자 무리 가운데서 한 사람이 나와 엎드렸다.

"무슨 할 말이 있느냐?"

임금께서 물었다.

"송강 같은 분을 다시 불러 쓰시옵소서."

그가 말했다.

그 때 송강 정철은 강계에서 귀양살이를 하고 있었다.

한동안 생각하시던 임금께서 고개를 끄덕였다.

"알았도다."

그런 다음, 정철을 불러 오라는 명령을 내렸다.

그날 저녁, 임금은 나에게도 나랏일을 그르친 잘못이 있다고 하여 파면시키고 그 자리에 좌의정 최홍원을 앉혔다. 그리고 우의정 윤두수를 좌의정으로, 유홍을 우의정으로 각각 올려서 임명했다.

왜적은 그 때까지도 서울에 들어오지 않았다. 백성들은 대신들이 잘못 건의하여 임금이 서울을 떠나게 되었다고 생각했다. 그래서 이와 같은 인사 이동이 있었던 것이다.

서울에서 평양까지

5월 3일, 마침내 왜적이 서울에 들어왔다. 서울을 지킬 책임이 있는 유도 대장 이양원과 도원수 김명원은 모두 달아났다.

도원수 김명원은 제천정에 있었다. 그는 나가서 싸울 엄두도 내지 못한 채 적이 다가오는 것을 바라보기만 했다. 그러다가 일이 다급하게 되자, 군기와 화포, 기계 따위를 모두 강물에 던져 버린 다음, 변장을 하고 달아 났다. 종사관 심우정이 달아나지 말고 싸워야 한다고 매달렸으나, 그는 듣지 않았다.

성 안에 있던 유도 대장 이양원은 한강을 지키던 군사가 뿔뿔이 흩어졌 다는 소식에 아무래도 성을 지키기 힘들겠다는 생각을 하여 양주로 달아 났다. 그리하여 적군이 들어왔을 때 성 안은 텅 비어 있었다.

한강을 적에게 허무하게 내준 다음, 김명원은 임금이 계신 황해도로 가 려고 임진강에 이르러 장계를 올렸다.

하지만 임금께서는 경기도와 황해도의 군사를 모아 임진강을 지키라고 명령했다. 그리고 신할에게 김명원과 함께 임진강을 굳게 지켜 적이 서쪽 으로 올라오는 길을 막으라고 했다.

임금의 행차는 5월 5일 안성, 용천, 검수역을 거쳐서 봉산군에 다다랐 다. 그리고 6일에는 황주, 7일에는 평양에 도착했다.

임해군과 순화군 두 왕자가 적에게 사로잡혔다. 그와 함께 왕자들을 모 시고 있던 김귀영, 황정욱, 황혁과 함경 감사 유영립, 북병사 한극함 등도 모두 포로가 되었다. 혼자서 살겠다고 갑산으로 도망쳤던 남병사 이혼은 백성들에게 맞아 죽었다.

일이 이렇게 되자 함경 남북도의 고을이 모조리 적의 발 아래 짓밟히게 되었다.

왜학 통사 함정호는 서울에서 사로잡혔는데, 적의 대장 가토 기요마사에게 이끌려 함경북도까지 갔다. 그랬다가 적이 물러나올 때 틈을 엿보아 달아나 임금이 계신 곳으로 왔다.

나는 그로부터 그간의 사정을 아주 자세하게 들을 수 있었다.

임해군과 순화군은 회령부에 당도했다. 순화군은 강원도에 있었는데, 적이 강원도를 향해 진격해 들어오는 것을 알고는 함경북도로 몸을 피했던 것이다.

왜적들은 왕자의 행방을 찾아 맹렬하게 뒤를 쫓았다.

이와 같이 상황이 긴박하게 돌아가는 중에 회령부의 아전 국경인이 자기와 생각을 같이하는 무리를 이끌고 반란을 일으켰다. 그는 왕자와 관원들을 사로잡아 놓은 다음 적병을 맞아들였다.

왜장 가토 기요마사는 왕자들과 관원들의 오랏줄을 풀어 준 다음 진중에 머물게 했다. 그랬다가 나중에 함흥으로 끌고 갔다.

6월 1일, 다시 복직한 나는 임금의 명으로 명나라 사신 임세록을 접대하게 되었다. 임세록은 왜군의 동태를 살펴보기 위해 온 것이었다.

나는 임세록과 함께 연광정으로 올라갔다. 둘이서 아래쪽 멀리 있는 왜적들의 진을 내려다보고 있으려니까, 한 왜병이 강 동쪽에 있는 숲 속에서 나와 왔다갔다 했다. 조금 있다가 두세 명의 왜병이 그 뒤를 따라 나와 강변 모래밭에 앉았다 일어섰다 했다. 그 모양이 마치 길을 가던 나그네가 잠시 쉬고 있는 것 같았다.

그들을 손가락질하며 내가 임세록에게 말했다.

"왜군의 척후병이 분명하오."

"그런데 그 숫자가 너무 적지 않습니까?"

임세록이 아무래도 이상하다는 듯 고개를 갸웃거렸다.

"왜군은 본래 참으로 간교한 자들입니다. 저들 뒤에는 틀림없이 큰 무리가 진을 치고 있을 것입니다. 우리 편의 사정을 정탐하기 위해 우선한두 명의 척후병을 보내는 것이지요. 눈앞의 척후병만 보고 우습게 여기다가는 큰코 다치기 십상입니다."

내가 설명하자, 임세록은 비로소 이해가 되는 모양이었다.

"듣고 보니 그렇겠군요."

임세록은 자기 나라에 보고하러 간다면서 따르는 사람과 함께 말에 올랐다.

그 무렵 임금께서는 평양성을 떠날 생각을 하고 있었다. 하지만 어디로가야 좋을는지 결정할 수가 없었다.

대부분의 조정 대신들은 함경북도를 마음에 두고 있었다. 함경북도는외지고 길이 험하여 적을 피하기에 적당하다고 여겼기 때문이다.

그 때 이미 적들은 함경도에 와 있었지만, 그와 같은 사정을 보고해 오는 자가 없어 조정에서는 까맣게 모르고 있었다.

조정에서는 일찍이 영흥 부사로 있으면서 선정을 베풀어 백성들의 마음을 얻은 이희득을 함경도 순찰사로 임명했다. 그리고 병조 좌랑 김의원을 종사관에 임명하여 함경북도로 가게 했다.

그런 후에는 왕후를 비롯한 후궁들과 그 아랫사람들을 먼저 함경북도로 떠나게 했다.

이에 나는 임금께 나아가 아뢰었다.

"우리는 이미 명나라에 구원병을 청해 놓았습니다. 그런 마당에, 그 결과도 기다려 보지 않고 서둘러 함경북도로 간다는 것은 바람직하지 않은 일이라 생각됩니다. 가는 도중에 적병이 길을 막는다면, 명나라와 어떻게 연락을 하겠습니까? 그렇게 되면 서울을 되찾는 것은 불가능한 일이 될 것입니다. 그리고 적들은 여러 무리로 나뉘어서 치고 올라오고 있으니, 함경북도만 안전하리라고 장담할 수는 없는 일입니다. 만약 그 곳으로 깊숙이 들어갔다가 불행하게도 적병이 뒤쫓아온다면, 그야말로 오도가도 못하게 됩니다. 조정 중신들이 북쪽으로 가자고 하는 까닭은, 그 가족들이 대부분 함경북도로 피란을 가 있기 때문인 것으로 생각됩니다. 소신의 늙은 어머니 역시 강원도 아니면 함경도로 피란을 떠나셨을 것입니다. 그 생각을 하면 소신도 북쪽으로 가는 것이 좋지만, 나라의 앞날을 생각할 때, 사사로운 정리에 매달릴 수는 없는 것이어서 감히 이렇게 간절히 아뢰는 것입니다."

나는 말을 하다가 흐느끼면서 눈물을 흘렸다.

임금의 얼굴에 측은히 여기는 기색이 드러나 보였다.

"모든 것이 과인의 탓이로다."

내 뒤를 이어 지사 한준이 임금을 뵈러 들어갔다. 그는 함경북도로 가는 것이 옳다고 주장했다.

마침내 왕후는 함경도를 향해 떠났다.

왜적이 대동강 가에 머무른 지 사흘이 지났다. 우리가 연광정에 올라가 강 건너쪽을 살펴보고 있는데, 한 왜병이 나뭇가지 끝에 무슨 종이 쪽지를 매달아 강변의 모래밭에 꽂아 놓은 후에 돌아갔다.

화포장 벼슬의 김생려가 작은 거룻배를 타고 나가서 그것을 집어 왔다.

김생려가 모래밭으로 올라가자, 무기를 지니지 않은 왜병이 다가와 그의 손을 맞잡고 등을 두드리며 친절히 그 종이 쪽지를 건네 주었다.

그러나 좌의정 윤두수는 그 종이 쪽지를 펴보려고 하지 않았다. 나는 무엇이라고 썼는지 읽어 보는 것이야 어떻겠느냐고 하며 그 쪽지를 펴 보게 했다.

그것은 이덕형에게 보내는 편지로, 보낸 사람은 전에 우리 나라에 사신으로 온 일이 있는 평조신과 현소 두 사람이었다. 만나서 강화에 대해 의논하자는 내용이었다. 이덕형은 곧 조각배를 타고 나가 강 한가운데서 평조신과 현소를 만났다.

"우리는 중국과 조공의 길을 트고자 했는데, 조선이 길을 빌려 주려 하지 않는 바람에 일이 이렇게 되었소. 하지만 지금이라도 길을 내어 준다면 아무 일도 없을 것이오."

"먼저 군사를 물러가게 하시오. 그런 다음에 강화 문제를 의논합시다."

이덕형이 제의했다.

서로의 주장은 팽팽하여 결국 강화 회담은 아무 성과도 없이 깨지고 말았다.

그날 저녁, 대동강 동쪽 기슭에 왜적 수천 명이 진을 쳤다.

평양성 함락

6월 11일, 평양성을 떠난 임금의 행차가 영변으로 향했다.

최흥원, 유홍, 정철 등이 임금을 따랐다. 그러나 좌의정 윤두수, 도원수 김명원, 순찰사 이원익 등은 남아서 평양성을 지키기로 했다. 나도 그들과 함께 남아 명나라 장수를 접대하기로 했다.

바로 그 날, 왜적이 평양성으로 쳐들어왔다.

그 때 좌의정과 도원수, 그리고 순찰사와 나는 연광정에 올라 있었고, 평안 감사 송언신은 대동성의 문루를 지키고 있었다. 병사 이윤덕은 부벽루 위쪽의 여울목을 지켰고, 자산 군수 윤유후 등은 장경문을 지켰다.

성 안의 군사들과 백성들 중 뽑힌 자를 합치면 싸울 수 있는 사람은

3,4천 명이었는데, 그들을 몇 무리로 나누어 곳곳에 배치했다. 하지만 대오는 정돈되지 못했고, 지나치게 인원이 많은 곳이 있는가 하면 또 그 반대인 곳도 있었다.

사람들이 지나치게 많은 곳에서는 옆 사람과 어깨가 맞닿을 정도였고, 반면에 을밀대 근처와 같이 사람이 적은 곳에서는 나무 사이에 옷가지를 걸어 놓아 군사들이 많이 있는 것처럼 꾸며 놓기도 했다.

적진을 살펴본 결과, 군사들의 수가 그리 많지 않음을 알 수 있었다. 동쪽 큰 마을의 언덕 위에다 군사들을 한 줄로 벌려 세우는 일자진을 친 다음, 군데군데 붉은 깃발, 하얀 깃발을 꽂아 놓았다.

이윽고 적의 군사 10여 명이 말을 탄 채 강물 속으로 들어왔다. 강물은 말의 허리께까지 찼다. 그들은 모두 말고삐를 잡고 벌려 섰다. 곧장 말을 내몰아 한꺼번에 강을 건너려는 것 같았다. 보병들은 한두 명 혹은 두세 명씩 짝을 지어 그 뒤쪽 강 언덕을 왔다갔다 하고 있었다. 그들은 큰 칼을 빼어 들고 있었는데, 햇빛을 반사한 칼날이 날카롭게 번득였다.

그 모양을 보고 누군가 말했다.

"저건 진짜 칼이 아니오. 우리 눈을 속이기 위해 나무를 칼처럼 깎고, 그 위에 백랍을 칠한 거요."

하지만 거리가 멀어서 분간하기가 어려웠다.

얼마 후 적병 6,7명이 강변으로 다가와 우리 성을 겨냥하고 조총을 쏘아 댔다. 그 총소리에 고막이 찢어지는 느낌이었는데, 총알이 강을 건너 성 안으로까지 날아들었다. 어떤 것은 대동관의 지붕에 와서 박혔다. 또 어떤 것은 거의 1천 걸음이나 떨어진 성루의 기둥에 날아와 박혔는데, 그 박힌 깊이가 몇 치나 되었다.

붉은 옷을 입은 한 적병이 강가 모래밭까지 나와서 우리가 앉아 있는 연광정을 향해 총을 쏘았다. 아마 우리가 장수들인 줄 안 모양이었다.

총알은 정자 위에 서 있던 두 사람을 맞혀 쓰러뜨렸다. 하지만 거리가 워낙 멀었기 때문에 그리 큰 상처를 입지는 않았다.

나는 군관 강사익을 불러, 갑옷이나 투구까지도 뚫을 수 있는 편전을 쏘게 했다. 화살은 멀리 모래밭까지 날아가 떨어졌는데, 적병들은 몸을 양옆으로 움직여 화살을 피하며 물러가기 시작했다.

이 모양을 보고 도원수 김명원은 활 잘 쏘는 병사를 뽑은 다음, 빠른 배를 타고 강의 중류로 나가 적을 쏘라고 명령했다.

우리 군사들이 탄 배가 건너편 언덕에 가까워지자, 왜병은 그들을 피해 달아나기 시작했다. 불화살이 연달아 강을 넘어 날아가니, 적들은 소리를 지르면서 흩어졌다가 화살이 땅에 떨어지자 다투어 그것을 주워서 살펴보았다.

나는 명나라 장수를 접대하는 일 이외에 군사 행정에는 간섭할 수 없게 되어 있었다. 하지만 가만히 생각해 보니, 그대로 있다가는 아무래도 적에게 패할 것 같았다. 하루빨리 명나라 군사가 와서 도와 주어야 평양성이 구제되고 만사가 풀려 나갈 것 같았다. 나는 명나라 군사를 빨리 맞기 위해 길을 떠나기로 했다.

날은 벌써 어두워져 있었다.

종사관 홍종록, 신경진을 데리고 성문을 나선 나는 밤이 이슥해서야 순안에 당도했다.

그 곳으로 가는 도중 회양에서 오는 길이라는 이양원과 종사관 김정목을 만났는데, 그들에게서 적병이 벌써 철령에 이르렀다는 말을 들었다.

다음 날, 숙천을 거쳐 안주에 도착하니 명나라 사신 임세록이 다시 왔다. 나는 그가 가지고 온 공문을 가지고 임금이 계신 곳으로 향했다.

임금께서는 이미 영변을 떠나 박천으로 행차하셨다기에, 나는 박천으로 달려갔다.

"그래, 평양성은 지킬 수 있을 것 같소?"

임금께서 물었다.

"백성들의 결의가 굳어 지킬 수 있을 것도 같지만, 그냥 버려 두어서는 안 됩니다. 어서 빨리 구원병을 보내지 않으면 곤란합니다. 신이 이렇게 달려온 것도, 하루 속히 명나라 구원병을 맞이하여 평양을 구원하고자 함입니다. 그런데 아직까지 구원병이 온다는 기별이 없으니, 그것이 걱정입니다."

임금께서는 손수 윤두수가 올린 장계를 펴 보이면서 말했다.

"어제 백성들 중 노약자를 모두 성 밖으로 내보냈다고 하니 민심이 어지러울 것이 분명한데, 무슨 수로 성을 지킨단 말이오?"

나는 엎드려 대답했다.

"신이 그 곳에 있을 때만 해도 아직 사태가 그 정도는 아니었습니다. 평양성의 형세를 살펴볼 때, 왜적들은 반드시 얕은 강물을 타고 건너올 것입니다. 그러니 마름쇠(도둑이나 적을 막기 위해 흩어 두는 서너 갈래의 무쇠덩이)를 구해 강물 속에 깔아 놓아 적병이 건너오는 것을 막아야 합니다."

임금께서는 즉시 관아에 명하여 그 고을에 있는 마름쇠를 찾아보게 했다. 마름쇠는 수천 개나 있었다.

임금께서는 내게, 사람을 시켜 속히 그 마름쇠들을 평양으로 보내라고 말했다.

나는 다시 아뢰었다.

"평양 서쪽에 있는 강서, 응강, 증산, 함종 등의 여러 고을에는 비상시에 대비해 마련해 놓은 곡식도 많고 백성 또한 많이 살고 있습니다. 만일 적병이 가까이 온다는 소식이 들리면, 그들은 놀라서 뿔뿔이 흩어질 것입니다. 그러니 빨리 사람을 보내어 그들의 마음을 안정시켜 주어야 할 것입니다."

"누구를 보내면 좋겠소?"

임금께서 물었다.

"군사 작전에 밝은 병조 정랑 이유징을 보내십시오."

그런 다음, 나는 덧붙여 이렇게 아뢰었다.

"지금 사태가 아주 급박하니, 신이 밤을 새워서라도 달려가서 명나라 장수를 만나 보아야겠습니다."

나는 임금 앞을 물러나와 이유징을 불렀다. 그리고 임금께 아뢴 말을 전하자, 이유징은 얼굴빛이 변하여 펄쩍 뛰었다.

"저더러 적이 들끓는 곳으로 가라는 말씀입니까?"

나는 정색을 하고 엄숙하게 말했다.

"나라가 어려움을 당할 때는, 무슨 일이든 가리지 않고 힘껏 하는 것이 벼슬아치로서의 도리가 아니겠소. 지금은 그 어느 때보다 나라가 위급한 지경에 빠져 있소. 끓는 물이나 불 속에 뛰어들라고 해도 가리지 않아야 할 판에, 이만한 일을 가지고 불평을 하는 거요?"

이유징은 잠자코 있었으나, 원망하는 기색을 감추려 하지 않았다.

나는 말을 몰고 달렸다. 대동강 가에 이르자 어느덧 해가 지기 시작했다. 광통원 쪽 벌판을 바라보니, 흩어졌던 군졸들이 하나 둘 몰려오고 있었다.

'평양성이 이미 적의 수중에 들어간 건가?'

나는 불길한 생각이 들어 군관 몇 명을 보내어 알아보았다.

잠시 후, 군관들은 군졸 열아홉 명을 데리고 돌아왔다. 의주, 용천 고을에 소속된 군사였는데, 평양으로 파견되어 강을 지켰다고 한다.

"어제 적들이 왕성탄으로부터 강을 건너 쳐들어왔습니다. 강을 지키던 우리 편 군사들은 모두 무너져 흩어지고, 그 틈을 타서 병사 이윤덕도 달아나 버렸습니다."

군졸들이 말했다.

나는 가던 길을 멈추고 임금께 올리는 장계를 썼다. 그리고 그것을 군관 최윤원에게 주며 임금께 가서 바치라고 일렀다.

평양성이 왜적의 손에 들어가자, 임금께서는 가산으로 행차를 옮겼다.

성의 창고에 쌓여 있던 곡식 10만 석은 적이 다 차지하고 말았다.

민심은 날이 갈수록 거칠어져, 곳곳에서 난민들이 무리를 지어 곡식 창고를 터는 일이 생겼다.

순안, 숙천, 안주, 영변, 박천 등의 창고가 차례로 난민들에게 털렸다.

임금께서는 다시 가산을 떠났는데, 그 뒤 내가 가산에 당도하니 군수 심신겸이 말했다.

"이 곳은 원래 곡식이 충분하여, 관청에 있는 백미만 해도 1천 석입니다. 명나라 구원병의 군량미로 쓸 작정인데, 제대로 지킬 수 있을지 모르겠습니다. 대감께서 여기 머물러 계시면서 백성들을 달래 주실 수는 없겠습니까? 그렇지 않으면 고을 사람들이 무리를 지어 약탈을 할지도 모릅니다. 그런 일이 벌어지면, 저도 더 이상 여기 있지 못하고 해변 쪽으로 몸을 피하는 수밖에 없습니다."

심신겸이 부리는 자들은 그 때 이미 그의 명을 듣지 않을 지경에 이르렀다. 나를 따르는 군관 6명과 패잔병 19명은 스스로 따라온 사람들로, 활과 화살을 지니고 늘 내 곁을 지키고 있었다.

심신겸이 그런 말을 한 것은 그들에게 자기 신변을 의지해 보려는 생각에서였던 듯했다. 나는 차마 뿌리치고 일어서지 못해 얼마 동안 거기 머물러 있었다. 그러다 보니 한낮이 지났다.

가만히 생각해 보니, 임금께서 명령을 내린 것도 아닌데 내 마음대로 거기 머물러 있는 것도 도리가 아닌 듯했다. 나는 심신겸에게 작별 인사를 하고 가던 길을 재촉했다.

효성령에 이르러 가산을 돌아다보았다. 그 때 이미 고을은 걷잡을 수 없는 혼란에 빠져 있었다.

마침내 심신겸은 난민들에게 창고의 곡식을 다 털리고 달아나 버렸다.

이튿날, 임금의 행차는 정주를 떠나 선천으로 향했다.

임금은 떠나면서 내게 정주에 머물러 있으라는 명을 내렸다.

정주 고을의 백성들은 다 어디론가 흩어져 가고, 성 안에는 늙은 아전 백학송 등 몇 사람만 남아 있었다.

나는 눈물로 임금의 행차를 보낸 다음, 연훈루 아래 멍하니 앉아 있었다. 나를 따르는 군관들은 양쪽 섬돌에 서 있었고, 패잔병 19명은 길 옆 버드나무에 말을 매어 놓은 채 둘러앉아 있었다.

날이 어두워질 무렵, 남문 쪽에서 손에 몽둥이를 든 사람들이 나타나 줄지어 문 왼쪽으로 들어갔다.

군관에게 무슨 일인가 알아보라고 일렀더니, 곡식을 약탈하기 위해 창고 근처에 모여든 사람들이 벌써 수백 명은 된다고 했다.

내가 거느리고 있는 군사들로는 그들을 당하기가 힘들었다. 그렇다고 약탈하는 것을 그대로 두고 볼 수도 없는 일이었다. 지금 나가서 따끔한 조치를 취하지 않으면, 그 수가 점점 많아져 나중에는 감당하기가 힘들 것 같았다.

성문 쪽에서 또다시 10여 명이 몰려왔다. 나는 급히 군관을 불러서 일렀다.

"병사들을 모두 데리고 나가서 지금 몰려온 자들을 잡아 가지고 오라."

오라를 든 군사들의 모습을 보고 그들이 달아나기 시작했다. 군사들은 뒤쫓아가서 그 중 9명을 잡아 왔다. 나는 우선 그들의 상투를 풀어 산발하게 했다. 그런 다음, 옷을 모두 벗겨서 묶어 가지고 창고 옆 길거리로 끌고 나갔다. 10여 명의 군사가 그 뒤를 따라가며 소리쳤다.

"창고를 터는 자들은 이와 같이 잡아서 목을 베어 죽일 것이다! 다들 와서 죄인의 목 베는 것을 구경하라!"

그러자 성 안 사람들은 모두 두려워 떨면서 뿔뿔이 흩어져 달아나 버렸다. 그 덕분에 정주 고을의 창고는 가까스로 보존될 수 있었다. 그 소문이 퍼져 나가 용천, 선천, 철산 등의 여러 고을에서도 감히 창고를 털 생각을 하지 못했다.

평양성에서 도망쳐 나와 정주 판관이 된 김영일이 처자를 바닷가로 피신시킨 후 창고에 있는 곡식을 몰래 갖다 주려고 한다는 말이 들려왔다.

나는 곧 그를 잡아들여 야단을 쳤다.

"무장으로서 싸움에 패하고도 죽지 않은 죄가 크거늘, 장차 명나라 구원병을 먹일 곡식까지 훔쳐 내려고 하느냐?"

그런 다음 곤장 60대를 때려 내쫓았다.

얼마 후, 그 때까지 평양에 있던 좌의정 윤두수, 도원수 김명원, 무장 이빈 등이 정주로 왔다.

임금께서는 정주를 떠날 때 좌의정이 오거든 정주에 머물러 있도록 하라고 했다.

내가 윤두수에게 그 명령을 전했으나, 그는 대답도 하지 않고 임금이 계신 곳으로 떠났다.

나는 김명원과 이빈에게 정주에 남아 있으라고 한 다음, 임금의 행차를 뒤쫓아 용천에 도착했다.

명나라 지원병

임금의 행차가 의주에 당도했다.

그 무렵, 명나라 장수 대모와 사유가 각각 군사를 거느리고 의주에 들어와 진을 치고 있었다. 원래 평양으로 가던 중이었는데, 임반역에 이르렀을 때 평양성이 함락되었다는 말을 듣고는 발길을 되돌렸던 것이다.

명나라 조정에서 은 2만 냥을 보내 왔다.

처음 우리 나라에 왜적이 쳐들어왔다는 소식을 들었을 때, 명나라 조정의 의논은 한결같지 않았다. 심지어는 우리 나라가 왜적의 앞잡이가 되어 길을 빌려 주고 있다고 의심하는 사람까지 있었다. 그러나 병부 상서 석성은 그럴 리 없다면서 우리 나라를 구해야 한다고 주장했다.

때마침 옥하관에 머물러 있던 우리 나라 사신 신점 일행은 석성으로부터 왜적의 침략 소식을 들었다. 그러자 그들은 아침 저녁으로 통곡을 하면서 구원병을 파견해 줄 것을 요청했다. 그 소리가 얼마나 애처로웠던지, 듣는 사람들은 모두 국상을 당한 줄 알았다고 한다.

이에 병부 상서 석성은 황제에게 청하여 우선 두 부대를 우리 나라에 보내어 임금을 지키도록 하는 한편, 그 경비로 은도 보내 왔던 것이다.

신점은 통주로 돌아오고, 그와 엇갈려 우리 나라에서 급히 보낸 특사 정곤수가 명나라로 갔다.

석성은 정곤수를 자기 집으로 불러 친히 우리 나라의 상황을 물으며 이따금 눈물을 지었다는 것이다.

그 당시 상황은, 평양성을 수중에 넣은 왜적이 그 여세를 몰아 압록강까지 치고 올라오는 것은 그야말로 시간 문제였던 것이다.

이와 같이 위급한 상황이었으므로 차라리 중국과 합병하자는 의견까지 나왔다.

그러나 다행스럽게도 왜적은 평양성에 들어온 지 몇 달이 지나도록 전혀 움직이려 하지 않았다. 따라서 평양에서 가까운 순안, 영유 등의 고을은 왜적의 침입을 받지 않았다. 그러자 차츰 백성들의 마음도 안정되고 흩어진 군사들도 다시 모아들일 수 있었다.

7월에 들어서자, 요동군의 부총병으로 있는 장수 조승훈이 군사 5천 명을 거느리고 우리 나라를 구원하러 온다는 기별이 왔다.

그 때 나는 치질이 심해 꼼짝도 못한 채 자리에 누워 있었으므로, 임금께서는 좌의정 윤두수에게 구원병을 맞아들이고, 오는 길목에 그들이 먹을 양식을 마련하라고 일렀다.

나는 그 소식을 듣고 종사관 신경진을 시켜 임금께 글을 올렸다.

'전하를 모시는 대신이라곤 윤두수 한 사람이 남아 있을 뿐인데, 그마저 전하 곁을 떠나면 안 됩니다. 신이 비록 병중이지만, 힘을 내어 일어나면 명나라 장수를 맞을 수 있습니다. 신에게 명나라 장수를 맞으라 하신 명을 거두지 마옵소서.'

임금께서는 내 청을 허락했다.

7월 7일, 나는 불편한 몸을 무릅쓰고 임금께 나가 하직 인사를 했다.

임금께서는 웅담과 환약을 내리고, 내의원의 용운이라는 심부름꾼으로 하여금 성문 밖 오 리까지 나를 전송하게 했다.

저녁 무렵 소관역에 당도했는데, 아전과 군사들이 모두 달아나 사람이라곤 그림자도 보이지 않았다. 맥이 탁 풀리는 듯했다.

살펴보고 오라고 군관을 마을로 내보냈더니, 한참 만에 몇 사람을 찾아 데리고 왔다.

나는 부드러운 목소리로 그들을 타일렀다.

"그 동안 나라에서 그대들에게 녹을 준 것은 다 이런 때 쓰기 위함인데, 혼자만 살겠다고 도망을 해서야 되겠느냐? 이제 명나라 구원병이

와서 우리를 구원하게 되었으니, 이런 때야말로 그대들이 있는 힘을 다해 맡은 일을 함으로써 공을 세울 때이다."

그런 다음, 그 자리에 모인 사람의 성명을 하나하나 공책에 적어 보이면서 말했다.

"나중에 여기 적힌 그대들의 공과 죄를 임금께 아뢰어 상도 주고 벌도 내리게 할 것이다. 만일 여기에 그 이름이 없는 사람은 낱낱이 조사하여 큰 벌을 내릴 것이다. 그러니 자기가 맡은 바 일을 게을리하면, 그 죄를 면할 수 없게 될 것이다."

그들이 간 지 얼마 안 되어, 달아났던 사람들이 하나 둘 몰려왔다. 그들은 내 앞에 엎드려 머리를 조아렸다.

"저희가 어찌 감히 맡은 바 책임을 회피하겠습니까. 그저 볼일이 있어서 잠시 나갔던 것뿐이니 부디 저희들 이름도 공책에 써 넣어 주십시오."

그 모양을 보고 나는 흐트러진 민심을 바로잡는 데 더없이 좋은 방법이라고 생각했다. 그래서 곧 여러 고을로 공문을 띄워, 같은 방법으로 공로의 크고 작음을 일일이 공책에 적도록 했다.

소문을 듣고 사람들이 다투어 모여들어, 땔나무와 말먹이 풀을 해 오기도 하고, 집을 수리하고 아궁이를 손보기도 했다. 그 덕분에 며칠 안 되어 사람 사는 마을의 모습을 갖추게 되었다.

나는 백성들을 지나치게 닦달해서는 안 되겠다고 생각했다. 그래서 심하게 꾸짖거나 매질을 하는 대신 좋은 말로 타일렀다.

이와 같이 수습을 해 놓고 정주로 가 보니, 마침 정주에는 홍종록이 귀성 사람들을 다 동원하여 말먹이 콩과 좁쌀을 운반하여 놓은 것이 2천여 석이나 되었다.

그런데다가 충청도 아산의 창고에 있던 세미 천이백 석이 배편으로 임금 계신 곳에 가는 도중 정주의 입암 나루에 머물러 있었다.

그 사실을 알고, 나는 기뻐서 곧 임금이 계신 곳으로 달려가 아뢰었다.

"마치 약속이라도 한 것처럼 먼 곳에 있던 곡식이 때맞추어 도착했으니, 아마도 하늘이 우리를 다시 일으켜 주시려는가 봅니다. 부디 그 곡식들을 군량미로 쓸 수 있게 허락해 주십시오."

임금께서 허락하자 나는 곧 수문장 강사웅을 입암으로 보내어 2백 석은 정주로, 2백 석은 가산으로, 나머지 2백 석은 안주로 각각 나누어 옮기도록 했다.

그런 다음, 안주로 가서 필요한 군수품을 마련하기로 했다.

그 무렵 왜적은 평양에 들어간 지 오래 되었는데도 꼼짝도 하지 않고 있었다.

7월 19일, 명나라 요동 부총병 조승훈이 구원군을 이끌고 평양성으로 쳐들어갔다가 형세가 불리하자 후퇴했다. 이 싸움에서 그들의 유격 대장 사유가 전사했다.

이 소식을 들은 나는 종사관 신경진을 보내어 조승훈을 위로하게 했다.

조승훈의 군사가 공강정에 머물러 있던 이틀 동안 큰비가 내렸다. 그 바람에 들판에 진을 친 군사들은 갑옷이 젖는 등 큰 고생을 했는데 모두들 조승훈을 원망했다.

얼마 후 조승훈은 슬며시 요동으로 돌아가 버렸다.

나는 임금께 아뢰어 그대로 안주에서 후속 부대가 오기를 기다렸다. 민심이 흐트러질까 염려스러웠기 때문이다.

이순신과 원균

거제 앞바다에서 전라 수군 절도사 이순신이 경상 우수사 원균, 전라 우수사 이억기 등과 함께 왜적을 크게 무찔렀다.

그에 앞서, 원균은 적이 상륙하는 광경을 보고 적의 형세가 어마어마하게 큰 데 놀랐다. 그래서 감히 나가 싸우지 못하고 물러나 전함 1백 척, 화포, 군기를 바닷속에 내버린 채 달아났다.

원균은 비장 이영남, 이운룡 등과 함께 배 네 척을 몰고 허둥지둥 달아났는데, 곤양 바다 어귀에 이르자 육지로 올라가 적을 피하려 했다.

하루 아침에 원균이 거느린 수군 만여 명은 뿔뿔이 흩어져 버렸다. 사태가 여기에 이르자 비장 이영남이 원균에게 말했다.

"수군 절도사는 왕명을 받은 막중한 자리입니다. 그런 자리에 계신 분이 군사들을 버리고 육지로 피하시면 나중에 그 죄를 어찌 감당하시겠습니까? 이렇게 피하시지 말고 전라도에 군사 지원을 요청해 보시지요. 그래서 한번 맞부딪쳐 본 다음, 아무래도 역부족이라 생각될 때 물러가도 늦지 않을 것입니다."

그 말도 일리가 있다고 생각한 원균은 곧 이영남을 이순신에게 보내 구원을 요청했다.

하지만 이순신은 고개를 저었다.

"서로 책임을 맡은 구역이 따로 있는데, 조정의 명령도 없이 우리 멋대로 경계를 넘어갈 수는 없소."

원균은 물러서지 않고 이영남을 대여섯 차례나 더 보냈다.

이영남이 이순신에게 갔다가 맥없이 돌아올 때마다, 원균은 뱃머리에 나가 앉아 큰 소리로 통곡했다.

마침내 이순신은 거북선 40척을 거느리고 이억기와 함께 거제로 나왔다. 그리하여 원균과 힘을 합해 왜적과 싸우게 되었다.

견내량에서 적병과 마주치자 이순신이 원균에게 말했다.

"여기는 바다가 좁고 물이 얕아 배를 움직이기가 심히 힘듭니다. 그러니 거짓으로 물러가는 체하여 적병을 유인해 낸 다음, 넓은 바다에서 싸우는 것이 좋겠소.”

하지만 원균은 급한 마음에 서둘러 나가 싸우려고 했다. 이순신이 그를 말렸다.

“병법을 모르시는 모양입니다. 그렇게 서두르다가는 틀림없이 패할 것입니다.”

그러면서 이순신은 깃발을 흔들어 모든 배들을 뒤로 물렸다. 싸우기도 전에 꽁무니를 뺀다며, 적들은 신이 나서 우리 함대를 쫓아왔다.

이윽고 좁은 바다를 빠져 나와 넓은 바다에 이르자, 이순신은 손수 북채를 들어 힘차게 큰 북을 두드렸다. 그것을 신호로 우리 함대는 일제히 뱃머리를 돌리더니, 바다 위에 줄을 지어 벌려 섰다. 적선과의 거리는 불과 수십 보 정도 떨어져 있었다.

이순신이 만든 거북선은 배 윗부분을 판자로 덮어, 그 생긴 것이 영락없이 거북을 닮았다. 군사들과 노 젓는 수부들은 그 안에 들어가 있도록 되어 있고, 앞뒤 양옆으로 화포가 설치되어 있었으며, 배가 움직이는 것이 마치 베 짜는 북처럼 재빨리 왔다갔다 했다.

적선과 마주치면 거북선은 화포를 쏘면서 돌격해 들어갔다. 몇 척이 동시에 공격하기 때문에 그 연기와 불길이 온통 하늘을 가렸다.

수많은 적의 배가 불타고 가라앉는 가운데 적의 장수가 탄 배가 눈에 띄었다. 그 배의 바닥 높이는 두어 길이나 되고 그 위에는 높다란 망대가 있는데, 그 망대 주위에는 붉은 비단과 채색 담요가 둘러씌워져 있었다.

그 배도 거북선의 화포가 불을 뿜자 맥을 못 추고 부서져 가라앉고 말았다. 배에 탄 적들은 다 물에 빠져 살아 남은 자가 없었다.

그 후에도 적은 여러 차례 싸움을 걸어 왔지만, 번번이 패했다. 마침내 적들은 부산과 거제로 도망쳐 들어가 다시는 나오지 못했다.

어느 날, 맨 앞에 서서 싸움을 지휘하던 이순신은 날아온 적탄에 왼쪽 어깨를 맞았다.

이순신은 피가 발꿈치까지 흘러내리도록 잠자코 있다가 싸움이 끝난 뒤에야 비로소 칼을 가져오라고 일렀다. 그 칼끝으로 살 속에 두어 치나 되게 깊이 박혀 있는 총알을 파내는 것을 보고 곁에 있던 사람들은 모두 얼굴빛이 파랗게 질렸다. 그러나 정작 이순신은 웃고 말하는 것이 평상시와 다른 점이 전혀 없었다.

조정에서는 이순신의 승전보를 듣고 크게 기뻐했다.

임금께서는 이순신에게 1품 벼슬을 주려 했다. 그러나 곁에서 너무 지나치다고 반대하는 사람들이 있어서, 그 아래 등급인 정헌 대부 벼슬을 내렸다.

이억기와 원균에게도 가선 대부 벼슬이 내렸다.

그 싸움이 있기 전, 적장 고니시 유키나가는 평양에 이르러 우리에게 위협하는 글을 보내온 일이 있다.

'지금 우리 수군 10만여 명이 서해로부터 북상하고 있는 중이오. 이제 대왕의 행차는 갈 곳이 없을 것이오.'

적은 애초에 수군과 육군이 힘을 합하여 서쪽 방면을 공격하려고 했던 것이다. 그런데 이 한 차례의 싸움에서 이순신에게 크게 패함으로써 완전히 위세가 꺾였다. 그로 인해 고니시 유키나가는 평양성을 점령하고도 더 이상 나아가지 못했던 것이다.

그 한번의 승리로 나라가 보존된 것이라 해도 과언이 아니다. 즉, 전라도와 충청도를 지킬 수 있었고, 또한 황해도와 평안도 연안 일대를 장악하여 무난히 군량을 조달함으로써 나라의 힘을 회복할 수 있었기 때문이다.

그뿐이 아니다. 적의 발길이 요동과 천진 등지에 미치지 못하도록 막음으로써 명나라 구원병이 육지로 나와 우리를 도와 적을 물리칠 수 있었던 것이다.

이 모든 것이 이순신이 승리를 거둠으로써 이루어진 결과이니, 하늘이 우리를 도운 것이라 하지 않을 수 없다.

이순신은 이 싸움 이후로 경상, 전라, 충청 삼도의 수군을 거느린 채 한산도에 머물면서 왜적이 서쪽으로 침범하는 것을 막았다.

강화 회담

그 해 9월, 명나라 유격 장군 심유경이 우리 나라에 왔다.

그에 앞서 요동의 장수 조승훈을 물리친 왜적은 더욱 교만해져서 자기 나라에 보내는 편지에 '양의 무리가 호랑이에게 덤비는 것과 같다' 는 말을 써 넣었다.

물론 양은 명나라 군사요, 호랑이는 자기들을 가리키는 말이었다.

머지않아 왜적들이 서쪽으로 진격할 것이라는 소문이 퍼지자, 의주 사람들은 아예 피란 보따리를 싸 놓고 살았다.

심유경은 절강성 출신인데, 왜국의 실정을 잘 알고 또 꾀가 있어 정세를 살피는 데는 적합한 인물이라고 생각하여 석성이 우리 나라로 보냈던 것이다.

순안에 당도한 심유경은 먼저 왜적의 장수에게 편지를 보내, 조선이 일본에게 무슨 잘못을 했기에 이와 같이 난리를 일으켰느냐고 황제의 이름으로 꾸짖었다.

당시 우리 편에서는 왜적의 잔인함과 혹독함이 너무나 심해 모두가 두려움에 떨어 감히 그들의 병영을 엿보는 사람이 없었다.

심유경의 편지를 가진 심부름꾼은 말을 타고 보통문을 지나 성안으로 들어갔다.

그 편지를 본 왜적의 장수 고니시 유키나가는 즉시 만나서 담판을 짓자는 회답을 보내 왔다.

심유경이 바로 떠나려고 서두르자, 곁에 있던 사람들이 한결같이 위태로운 일이라며 못 가게 적극적으로 말렸다.

"감히 저들이 나를 해치겠는가!"

심유경은 웃으며 서너 명의 부하만을 데리고 적진으로 들어갔다.

고니시 유키나가는 참모인 평의지, 현소와 함께 군대를 거느린 채 평양성 북쪽 십 리 밖에 있는 강복산에 나와서 심유경을 기다렸다.

우리 군사들은 대흥산 꼭대기에서 그 광경을 내려다보고 있었다.

수많은 왜군의 창과 칼날이 날카롭게 빛났다. 말에서 내린 심유경은 그 속으로 들어갔다. 창검을 든 왜병들이 그를 에워쌌다. 멀리서 바라보니 마치 심유경이 그들에게 붙잡혀 끌려가는 것 같았다.

날이 어두워질 무렵 심유경이 돌아왔다. 왜군들은 죽 늘어선 채 그에게 정중하게 작별 인사를 했다.

이튿날 고니시 유키나가가 심유경에게 문안 편지를 보내 왔는데, 그 중에 '서슬 퍼런 칼날 속에서도 안색이 변치 않으시니, 우리로서는 도저히 거기에 미치지 못하겠습니다' 라는 구절이 있었다.

그러자 심유경이 회답했다.

'당나라 현종 때 안녹산의 난을 평정한 곽영공은 혼자 오랑캐의 1만 군사 속에 들어가서도 전혀 겁내지 않았다는데, 내 어찌 그대들을 두려워하겠는가!'

이어서 그는 왜적에게 다음과 같은 약속을 했다.

'돌아가 우리 황제께 아뢰면 곧 어떤 조치가 있을 것이다. 그러니 앞으로 50일을 기한으로 왜군은 평양성 북쪽 10리 밖으로 나와 재물을 약

탈하지 말 것이며, 조선 군사도 10리 안으로 들어가 왜군과 싸우지 않을 것을 약속하노라.'

그리고 그는 나무를 깎아서 경계마다 푯말을 세운 다음에 돌아가 버렸다.

의 병

그 무렵 각 도에서는 왜적을 무찌르기 위해 의병을 일으킨 사람들이 많았다.

큰 활약을 한 사람으로는 전라도의 김천일, 고경명, 최경회 등을 들 수 있다.

맨 먼저 김천일이 군사를 거느리고 경기도에 이르렀다. 조정에서는 이를 가상하게 여겨 '창의군'이라는 칭호를 내려 주었다. 하지만 그는 뜻한 대로 되지 않자 강화도로 들어갔다. 고경명도 의병을 일으켰는데, 그는 글재주가 있어 각 고을에 격문을 돌려 적을 치도록 하였다. 그리고 그 자신도 적과 싸우다가 패해서 죽었다. 그 아들인 종후가 뒤를 이어 남은 군사를 이끌었는데, 그들은 '복수군'이라 일컬어졌다.

최경회는 경상 우병사로 있다가 진주 싸움에서 죽었다.

경상도에서 의병을 일으킨 사람으로는 현풍 출신의 곽재우, 고령 출신으로 좌랑 벼슬을 지낸 김면, 합천 사람으로 장령을 지낸 정인홍, 예안 사람으로 한림을 지낸 김해와 교서 정자 벼슬의 유종개, 초계 사람 이대기, 군위 교생 장사진 등이 있다.

곽월의 아들인 곽재우는 재주와 전략이 있는 사람이었다. 그는 여러 차례 적과 싸워 이김으로써 적들이 그를 겁내어 감히 맞서지 못했다. 그가 정진 나루를 단단히 지켜 적들이 의령 땅에 발을 들이지 못했으므로, 사람들이 모두 그의 덕이라고 칭송을 아끼지 않았다.

무장을 지낸 김세문의 아들 김면은 거창 우척현에서 여러 차례 적을 맞아 물리쳤다.

이를 알게 된 임금께서 그를 우병사로 임명했으나, 싸움터에서 병이 나서 죽고 말았다.

유종개는 싸움터에 나선 지 얼마 안 되어 전사했다. 조정에서는 그에게 예조 참의라는 벼슬을 내렸다.

장사진은 몇 차례의 싸움에서 많은 적병을 죽였다. 그래서 그는 적으로부터 '장 장군'이라 불렸는데, 그가 있는 동안에는 감히 적이 군위 경계를 넘지 못했다.

그러던 어느 날, 장사진은 적이 군사를 매복시켜 놓은 것을 모르고 적의 뒤를 쫓았다. 그러다가 그만 적에게 포위되고 말았다. 하지만 그는 용기를 잃지 않고 있는 힘을 다해 싸웠다.

마침내 화살이 다 떨어지자, 적들이 달려들어 장사진의 한쪽 어깨를 칼로 내리쳤다. 그는 남은 한쪽 팔로 끝까지 싸우다가 결국 죽고 말았다. 임금께서는 슬퍼하며 그에게 수군 절도사라는 벼슬을 내렸다.

충청도에서는 공주 제독관을 지낸 조헌을 비롯하여 중 영규, 청주 목사를 지낸 김홍민, 서자 출신 이산겸, 선비 박춘부, 충주 출신 조덕공과 내금위 조웅, 청주 출신 이봉 등이 의병을 일으켰다.

옥천에서 일어난 조헌은 영규가 이끄는 승군과 힘을 합해 청주를 되찾는 공을 세웠다. 그 뒤 금산 싸움에서 7백여 명밖에 안 되는 의병으로 왜적을 맞아 끝까지 용감하게 싸우다가 전사했다.

중 영규는 용기와 힘에 있어서 누구에게도 뒤지지 않았다. 조헌과 함께 청주를 되찾고, 그 후의 전투에서 목숨을 잃었다.

조웅도 더없이 용감한 의병장으로, 말 위에 서서 달리며 적을 풀베듯

했다. 그러나 그도 또한 전장에서 장렬한 최후를 맞았다.

경기도에서는 사간을 지낸 우성전을 비롯하여 전정 벼슬의 정숙하, 수원 사람 최흘, 고양 사람 진사 이노와 이산휘, 목사를 지낸 남언경, 유학 김탁과 정랑을 지낸 유대진, 충의위 이질, 서자 출신의 홍계남, 선비 왕옥 등이 활약을 했다.

그 중 가장 뛰어난 활약을 보인 사람은 홍계남이었다. 나머지는 각각 자기 고장에서 수십 명에서 백여 명의 사람들을 모아 의병 활동을 했으나 이렇다 할 공적은 남기지 못했다.

금강산 표훈사에 몸담고 있던 중 유정도 의병장으로 활약한 사람이다.

왜적이 금강산에 쳐들어오자, 다른 중들은 모두 뿔뿔이 달아났으나 그는 꼼짝도 하지 않고 있었다. 그러자 적들은 절 안에 들어서긴 했지만 감히 그 앞으로 가까이 가지 못했다. 개중에는 합장을 하면서 절을 하고 발길을 돌리는 자들도 있었다.

그 무렵, 나는 안주에 있으면서 사방으로 의병을 일으켜 적을 막으라는 공문을 보냈다.

그 공문을 본 유정은 그것을 불상이 있는 탁자 위에 펼쳐 놓고 다른 중들을 불러서 함께 읽으며 눈물을 흘렸다.

이윽고 유정은 어려움에 처한 나라를 구하기 위해 승군을 일으켜 서쪽으로 달려왔다. 평양성에 이르렀을 때, 그가 이끄는 승군의 무리는 1천여 명에 이르렀다.

유정은 평양성 동쪽에 진을 친 다음, 순안에 있던 관군과 힘을 합해 적을 막기 위한 방어 태세를 취했다.

첩자 김순량

김순량이라는, 적의 첩자를 붙잡았다.

그에 앞서, 안주에 있던 나는 12월 2일 군관 성남에게 전령을 보내어 수군장 김억추에게 적을 공격하라고 은밀히 통고하게 했다. 그러면서 6일 안으로 반드시 전령을 다시 내게 돌려보내라고 했다.

그런데 6일이 지나도 전령이 오지 않았으므로, 나는 성남에게 그 까닭을 물었다.

성남은 펄쩍 뛰었다.

"그게 무슨 말씀이십니까? 강서의 군사 김순량을 시켜서 돌려보낸 지가 언젠데요?"

나는 즉시 김순량을 잡아 오라 이르고 그에게 그 전령을 어떻게 했는지 물었다.그러자 그는 모자라는 사람처럼 횡설수설 앞뒤가 전혀 맞지 않는 말을 했다.

"전령을 가지고 나간 지 며칠 만에 이자가 소 한 마리를 끌고 돌아왔습니다. 어디서 난 소냐고 물었더니 자기 친척에게 맡겨 기르던 것을 찾아왔다고 했습니다. 그래서 장병들과 함께 잡아먹었는데, 이제 와서 생각하니 아무래도 수상합니다."

성남이 말했다.

나는 김순량을 엄하게 다루며 사실대로 말하라고 다그쳤다. 비로소 김순량은 이렇게 자백을 했다.

"실은 소인이 적의 첩자 노릇을 했습니다. 그 날 전령과 비밀 공문을 받아 가지고 곧장 평양성으로 들어가서 그것을 적에게 넘겨주었습니다. 적장은 전령과 비밀 공문을 읽고 나더니, 그 자리에서 찢어 없애 버렸습니다. 그리고 제게는 소 한 마리를 주고, 저와 함께 첩자 노릇을 한 서한룡에게는 비단 다섯 필을 상으로 주었습니다. 그런 다음, 그는 또 다른 비밀을 알아 내 가지고 15일 안으로 와서 보고하라고 했습니다. 그래서 그러기로 약속을 하고 나왔습니다."

"그래, 너 같은 첩자가 몇이나 되느냐?"

내가 묻자, 그가 대답했다.

"다 합하면 아마 40여 명은 될 것입니다. 순안, 강서를 비롯하여 숙천, 안주, 의주에 이르기까지 안 간 곳이 없이 들어가 있습니다. 그래서 만약 무슨 일이 일어나면 즉시 알려지게 되어 있습니다."

참으로 어이없는 일이었다.

잠시 놀란 가슴을 가라앉힌 후, 나는 임금께 그와 같은 사실을 알리는 장계를 올렸다. 그리고 그들 첩자의 명단을 확인한 다음, 각 진영에 알려 서둘러 잡아 내도록 조치했다.

하지만 그들을 다 잡지는 못하고 더러는 놓치기도 했다. 김순량은 성 밖으로 끌어 내다가 목을 베었다.

그 얼마 후에 명나라 구원병이 당도했다. 그렇지만 왜적들은 그 사실을 전혀 눈치채지 못했다. 놀란 첩자들이 모두 달아난 다음이었기 때문이다.

제2권

되찾은 평양

심유경이 돌아간 후, 왜적들은 약속대로 군사를 거두고 움직이지 않았다. 그러나 약속한 50여 일이 지나도 심유경이 나타나지 않자, 왜적들은 의심하기 시작했다. 왜적들은 곧 말을 내몰아 압록강 물을 자기네 말에게 먹이겠다는 소문을 내었다.

왜적에게 잡혀 갔다가 살아서 도망쳐 온 사람들은 한결같이 적병들이 우리의 성을 공격하려고 대대적으로 병기를 수리하고 있다고 전했다. 그 바람에 인심은 날이 갈수록 뒤숭숭해졌다. 12월 초, 마침내 심유경이 평양성에 다시 왔다. 그는 며칠 동안 적의 진중에 머물면서 회담을 하고 돌아갔다. 그러나 아무도 회담의 내용이 무엇이며, 어떤 약속을 하고 갔는지 알지 못했다.

그 무렵, 별안간 명나라 구원병이 압록강을 건너 안주에 이르렀다. 제독 이여송이 대장이 되어 삼영장인 이여백, 장세작, 양원 및 남방 출신의 장수들인 낙상지, 오유충, 왕필적 등을 부장으로 거느리고 왔는데, 군사의 숫자는 무려 4만여 명이나 되었다.

나는 의논할 일이 있다면서 성 남쪽에 있는 진영으로 찾아가 제독에게 만나기를 요청했다. 제독은 동헌에 앉아 나를 맞이했다. 그 모습을 살펴보니, 큰 키에 기품이 넘치고 장부다운 인상을 주는 사람이었다.

우리는 의자를 놓고 마주 앉았다. 나는 소매 속에서 평양성의 지도를 꺼내 놓고 그 지형이며 군사들이 입성해 들어갈 만한 길을 일일이 설명했다. 이여송은 나의 설명을 귀담아 듣고 있다가, 붓을 들어 내가 가리키는 곳마다 붉은 점을 찍어 놓았다.

내가 설명을 마치자 그가 말했다.

"왜적들은 고작 조총을 믿을 뿐이나, 우리에게는 대포가 있소. 모두 5, 6리는 족히 날아가는 것이니, 적들이 어찌 우리 대포를 당해 내겠습니까?"

그 후 내가 백상루에 올라가 있는데, 한밤중에 명나라 구원병 하나가 내게 슬며시 다가와 비밀 조약 세 항목을 알려 주었다. 나는 그의 이름을 물었으나, 그는 대답하지 않고 그냥 물러가 버렸다.

제독 이여송은 부총병 사대수에게 군사를 이끌고 먼저 순안으로 가서 왜적에게 거짓으로 다음과 같이 알리게 했다.

"명나라 조정에서도 이미 강화하기를 허락했고, 유격 장군 심유경도 여기에 와 있다."

그 소식에 적들은 매우 기뻐했다.

선조 26년(1593년) 1월 1일, 왜적은 그들의 소장으로 하여금 군사 20여 명을 거느리고 순안에 가서 심유경을 맞도록 했다.

사대수는 이여송으로부터 은밀한 지시를 받고 그들을 환대하는 체하면서 술자리를 베풀었다.

얼마 후 술이 몇 순배 돌아가자, 사대수는 숨겨 놓은 복병에게 신호를 했다. 일시에 들이닥친 명나라 군사들은 적의 소장을 사로잡고 따라온 부하들을 거의 다 잡아 죽였다.

그 중 가까스로 살아남은 3명이 자기네 진영에 가서 보고하자, 왜적은 그제야 비로소 명나라 구원병이 온 것을 알고 크게 동요하였다.

그 무렵, 명나라 구원병의 주력 부대는 숙천에 당도해 있었다. 날이 어두워지자, 그들은 말에서 내려 군막을 치고 식사 준비를 했다.

사대수가 보낸 전령이 달려온 것은 바로 그 때였다. 보고를 받은 제독은 군사를 격려한 다음, 몇 명의 기병을 이끌고 순안 쪽으로 말을 달려 나갔다. 그 뒤를 여러 진영의 장병들이 따라갔다.

다음 날 아침, 구원병의 주력 부대는 평양성을 둘러싼 채 보통문과 칠성문을 들이쳤다. 그러자 왜적은 성 위에 올라가 붉은 기와 흰 기를 벌려 세운 채 맞섰다.

구원병은 대포와 불화살로 왜적을 공격했다. 그 대포 소리가 얼마나 요란한지 땅을 울리고 몇십 리 안에 있는 산악을 모두 뒤흔드는 듯했다. 또한 불화살은 하늘에 비단을 짜는 실오라기처럼 날아가 사라졌다. 하늘은 자욱한 연기로 뒤덮이고, 불화살이 성 안 곳곳에 떨어지는 바람에 불이 일어나 나무에까지 옮겨 붙었다.

공격 부대를 이끈 부장 낙상지와 오유충 등은 마치 개미 떼와 같이 성벽을 기어오르기 시작했다. 위에 오르던 군사가 떨어지면 그 아래에서 또 오르고 하여 한 발도 물러서지 않았다. 칼과 창을 든 왜적은 죽을 힘을 다해 대항했으나, 명나라 군사의 맹렬한 기세에 눌려 결국 견뎌 내지 못하고 쫓기기 시작했다.

이 싸움에서 죽거나 다친 적병의 숫자는 헤아릴 수가 없을 정도였다.

왜병의 뒤를 쫓아 성안으로 쳐들어간 명나라 군사들은 내성을 공격하였다. 적병은 성 위에다 흙벽을 만들어 쌓고 벌집처럼 수많은 구멍을 뚫어 놓았는데, 그 틈새로 조총을 쏘아 대며 저항했다. 그 바람에 명나라 군사들도 많이 죽고 다쳤다.

이여송은 막다른 지경에 몰린 적을 급히 치다가는 오히려 이 편이 크게 다칠까 걱정했다. 그래서 일단 성 밖으로 군사를 물려 적이 달아날 길을 틔워 주었다.

적은 그날 밤 안으로 꽁꽁 언 대동강의 얼음 위를 건너 달아났다.

안주에 있을 때, 나는 명나라의 많은 군사가 오려고 한다는 말을 전해 듣고 황해도 방어사 이시언과 김경로에게 은밀히 말하여 장차 적들이 돌아가는 길목을 막아 치도록 일렀다.

"양군은 길목 양편에 몰래 엎드려 있다가 적이 지나가기를 기다려 뒤에서 공격하도록 하라. 적들은 굶주리고 지친 상태로 도망가는 길이라서 싸울 생각이 전혀 없을 것이니, 이 때야말로 반드시 모두 사로잡을 수 있는 기회이리라."

내 말을 듣고 이시언은 곧 중화로 떠났다. 그러나 김경로는 다른 일을 핑계 대며 가지 않으려 했다.

내가 군관을 보내어 재촉하니 김경로는 마지못해 중화로 떠났다.

바로 그 무렵, 황해도 순찰사 유영경이 공문을 보내 김경로를 재령으로 불러들였다. 유영경의 속셈은 김경로가 재령에서 적을 맡아 준다면 해주에서 스스로의 군사만으로도 성을 지킬 수 있으리라는 것이었고, 김경로로서는 싸움을 피해 달아날 좋은 구실이 생긴 셈이었다. 왜적이 이 곳으로 달아나기 하루 전에 있었던 일이었다.

적장 고니시 유키나가는 밤을 틈타 참모인 평의지, 현소, 평조신을 비롯하여 남은 병사들을 이끌고 정신없이 달아났다. 후퇴를 강행하는 바람에 모두들 기운이 빠지고 발이 부르터서 제대로 걸음을 옮기는 자가 없었다.

적이 이와 같은 형편에 처해 있었음에도 불구하고, 우리 편에서는 쫓아가 치는 군사가 없었다. 또 명나라 군사도 그 뒤를 추격하지 않았다. 다만 이시언이 그 뒤를 쫓았으나, 굶주리고 병들어 뒤처진 적병 60여 명의 목을 베었을 뿐이다.

그 때 서울에 남아 있던 적의 장수는 평수가였다. 그는 도요토미 히데요시의 조카라는 말도 있고 사위라는 말도 있었는데, 나이가 어려 일일이 고니시 유키나가의 지휘를 받는 형편이었다. 또 가토 기요마사는 함경도에서 아직 돌아오지 않고 있었다.

만약 내가 지시한 대로 길목에 엎드려 있다가 고니시 유키나가를 비롯하여 평의지, 현소 등을 사로잡았더라면, 서울에 있던 왜적은 저절로 무너졌을 것이다. 그랬으면 가토 기요마사는 돌아갈 길이 끊기고, 적병들은 사기가 떨어져 바닷가를 따라 달아난다 하여도 빠져나갈 뾰족한 수가 없었을 것이다. 또한 한강 남쪽에 있는 적들도 차례로 무너졌을 것이다.

북을 울리면서 여유 있게 추격했더라도, 명나라 군사는 부산까지 파죽지세로 적을 내몰고 승리를 거둘 수 있었으리라.

그랬더라면 온 나라에서 적의 그림자를 말끔히 몰아낼 수 있었을 것이며, 또한 몇 년을 두고 어지럽게 치러야 했던 전쟁도 없었을 것이다.

천하의 큰 일을 한 사람의 잘못으로 그르쳤으니, 참으로 가슴 아픈 일이었다.

나는 임금께 장계를 올려 김경로를 사형에 처해야 한다고 아뢰었다. 그때 내 직책은 평안도 체찰사였으므로, 김경로는 내 소관이 아니었다. 그래서 먼저 임금께 아뢰었던 것이다.

내 청을 받아들여, 조정에서는 선전관 이순일을 보내어 개성으로 가서 김경로의 목을 베게 했다.

개성부에 이른 선전관은 먼저 이여송에게 그 사실을 알렸다.

"실로 그 죄는 죽어 마땅하지만, 아직 적병을 완전히 무찌르지 못한 마당이니 한 사람의 무장이라도 아껴야 하오. 내 생각에는, 벼슬을 빼앗고 백의종군하게 한 다음 공을 세워 그 죗값을 치르도록 하는 게 좋을 것 같소."

이여송은 이렇게 말하며 이순일에게 조정에 보내는 공문을 만들어 주었다.

벽제 싸움

명나라 제독 이여송은 주력 부대를 이끌고 파주로 나가 벽제 남쪽에서 적과 일대 격전을 벌였다. 그러나 승리를 거두지 못한 채 개성으로 되돌아왔다.

그 전에, 평양성을 빼앗기자 대동강 남쪽 기슭에 주둔하고 있던 적들이 모두 달아나기 시작했다.

이여송이 내게 와서 말했다.

"달아나는 적을 뒤쫓아 무찌를 생각입니다. 그런데 한 가지 걱정은, 군사들의 식량과 말먹이 풀이 확보되지 않은 것입니다. 그러니 공께서 먼저 길을 떠나 준비해 주시어 큰일을 그르치지 않게 해 주십시오."

내가 이여송과 헤어져 길을 떠났을 무렵에는 벌써 명나라 구원병의 선발대가 대동강을 건너 남쪽으로 말을 달리고 있었다. 나는 그 병사들 때문에 길이 막혀서 쉽게 앞으로 나가지 못했다. 어쩔 수 없이 곁길로 돌아 나가서야 그들을 앞지를 수 있었다.

중화에 들렀다가 황주에 이르렀을 때는 밤이 늦어 이미 삼경을 지나고 있었다. 그런데 그 때는 적병이 물러간 직후여서 고을마다 텅텅 비고 백성들은 그림자조차 볼 수 없어 어떻게 해야 할지 막연했다.

이윽고 나는 황해 감사 유영경에게 군량 보급을 재촉하는 글을 보냈다. 그리고 평안 감사 이원익에게는 김응서 등이 거느린 군사 중 싸움터에 나갈 수 없는 사람을 뽑아 평양에서 황주까지 곡식을 운반하도록 하고, 평안도 세 고을에 있는 곡식을 배에 싣고 청룡포로 해서 황해도로 옮기도록 지시하는 글을 띄웠다.

이와 같은 군량의 대이동은 미리 계획된 것이 아니고 갑자기 서둘러 마련된 것이다. 따라서 혹여 뒤따라오는 대군의 군량이 모자라게 되면 어쩌나 하는 걱정 때문에 애가 탔다.

황해 감사 유영경에게는 왜적을 피해 산골짜기에 감춰 두었던 곡식이 제법 많아서 백성들을 동원하여 운반해 올 수 있었다.

그렇게 서두른 보람이 있어, 다행히 중간에 군량이 떨어지는 불상사는 일어나지 않았다.

얼마 후, 명나라 대군이 개성부에 당도했다.

1월 24일, 서울로 쫓겨간 왜적들은 장안에 남아 있던 백성들을 무자비하게 잡아 죽이고, 관청이고 민가고 가리지 않고 불을 지르는 만행을 저질렀다. 우리 백성들이 안에서 들고 일어나는 것을 미리 막고, 또 평양성에서 참패한 분풀이 삼아 그런 짓을 했던 것이다.

그런 다음 적들은 서쪽 방면의 여러 고을에 흩어져서 진을 치고 있던 자기 편 병사들을 모두 서울로 모으기 시작했다. 다시 한 번 우리 군사와 결전을 벌일 계획을 세우고 있었던 것이다.

나는 이여송에게 몇 차례에 걸쳐 서둘러 진군할 것을 건의하였다. 하지만 그는 느긋하게 움직여 여러 날이 걸려서야 가까스로 파주에 다다랐다.

파주에 도착한 다음 날, 부총병 사대수가 우리 나라 장수 고언백과 함께 수백 명의 군사를 거느리고 선발대로 나가 적의 동정을 살폈다.

그러다가 벽제역 남쪽 여석령에서 적과 마주쳐 싸움이 벌어졌다. 이 싸움에서 우리 편은 적의 군사 백여 명을 죽이는 전과를 올렸다.

그 보고를 받은 이여송은 주력 부대는 그대로 두고 혼자서 말을 잘 타는 군사 1천여 명만 데리고 달려 나갔다.

혜음령을 막 넘어섰을 때, 말의 발이 미끄러지는 바람에 이여송이 땅에 떨어졌다. 뒤따르던 부하들이 재빨리 그를 부축해서 일으켰다.

사실 적은 많은 군사들을 여석령 고개 뒤에 숨겨 놓고 겨우 몇백 명만 고개 위에 있게 했던 것인데, 이여송은 그 드러난 적들만 보고 군사들을 두 길로 나누어 진격시켰다.

그 때 고개 뒤에 숨어 있던 적의 대군이 고개 위로 올라와 진을 치는데, 그 숫자가 수만이나 되었다. 그것을 보고 명나라 병사들은 싸울 용기를 잃었다. 하지만 싸움은 이미 피할 수 없었다.

이여송이 거느린 군사는 모두 북방의 기병이었다. 따라서 별다른 병기는 없이 다만 짧은 칼을 가지고 있었을 뿐인데, 적은 보병으로 모두 3,4척이나 되는 길고 날카로운 칼을 지니고 있었다. 서로 맞부딪치자 적병은 그 긴 칼을 좌우로 휘둘러 치면서 공격해 왔는데, 구원병으로선 도저히 당해 낼 수가 없었다.

형세가 불리하게 되자 이여송은 후군을 불렀다. 하지만 후군이 오기도 전에 이끌고 갔던 군사의 대부분이 죽고, 다친 자도 많이 나왔다. 적들도 싸움에 지쳐 물러갔으므로, 명나라 구원병은 그 이상의 손실을 입지 않고 저녁 무렵 파주로 돌아올 수 있었다.

이여송은 그 날의 싸움에 대해서는 입을 다물었으나, 한밤중에 일어나 아끼는 부하의 죽음을 슬퍼하며 소리 죽여 울기까지 하는 등 그 기분이 몹시 언짢은 듯했다.

다음 날, 이여송은 군대를 동파로 물리기 위해 서둘렀다.

우의정 유홍, 도원수 김명원, 순변사 이빈 등과 함께 이여송의 장막을 찾아간 나는 퇴각을 말렸다.

"전쟁에 있어서 이기고 지는 것은 흔한 일입니다. 지금은 마땅히 적의 형세를 살펴서 다시 진격해야 할 때인데, 제독께서는 어찌하여 가볍게 움직이려 하십니까?"

"어제 우리 군사들도 적을 많이 죽였으니, 우리가 졌다고 할 수는 없지요. 하지만 이 곳은 비가 조금만 와도 온통 진흙탕이 되니, 군대가 머물러 있기엔 몹시 불편합니다. 일단 동파로 물러가 군사들을 쉬게 한 다음 다시 진격할 생각이오."

이여송이 말했다.

나와 함께 간 사람들도 간곡한 말로 퇴각을 만류했다. 그러자 제독은 명나라 조정에 보고할 글의 초고를 보여 주었다.

'서울에 있는 적병은 무려 20여 만에 달합니다. 적은 많고 우리 편은 적으니, 대적하기가 불가능합니다. 그리고 신은 중한 병에 걸려 큰일을 감당할 수 없으니, 부디 다른 사람을 보내 주십시오.'

그 글을 보고 나는 놀라지 않을 수 없었다.

"아니, 서울에 있는 적병이 20만이라니 무슨 말씀이오?"

"나야 모르는 일이지요. 당신네 나라 사람들이 그렇게 말하니 그런 줄 알밖에요."

그러나 그 말은 핑계일 뿐이었다.

이여송 곁에 있던 명나라 장수 장세작은 퇴각할 것을 강력하게 주장했다. 우리가 계속 퇴각을 만류하며 물러나지 않자, 장세작은 얼굴이 상기되어 순변사 이빈을 발로 차며 소리를 질렀다. 그 태도가 난폭하기 짝이 없었다.

이 무렵엔 매일같이 큰비가 내렸다. 그런데다가 왜적들이 주변의 산들을 모두 불태워 버려, 말에게 먹일 풀 한 포기도 찾기가 힘들었다. 설상가상으로 말의 돌림병까지 퍼져, 며칠 사이 1만 필에 가까운 말이 쓰러져 죽었다.

그 날 이여송은 세 군영에 흩어져 있던 군사를 임진강 건너 동파역까지 물렸다. 그리고 다음 날은 부대를 다시 개성까지 후퇴시키려고 했다.

"지금 대군이 물러서면 적들은 더욱 기세가 오르고, 우리 백성들의 민심은 걷잡을 수 없이 동요될 것입니다. 그렇게 되면 임진강 이북도 지키기가 힘들게 될 것입니다. 부디 동파에 잠시 머물러 있다가 기회를 엿보아 이동하도록 하십시오."

내가 손을 붙들고 말하자, 이여송은 내 앞에서는 허락하는 체했다.

하지만 내가 물러나온 지 얼마 안 있어 그는 말을 몰아 개성으로 들어갔고, 남은 장병들도 그 뒤를 따라 퇴각하고 말았다.

그 때, 임진강 나루는 구원병의 부총병 사대수와 유격 대장 관승선이 수백 명의 군사를 거느리고 지키고 있었다.

나는 동파에서 움직이지 않은 채, 이여송에게 끊임없이 사람을 보내 다시 진격할 것을 요청했다.

이여송은 마지못해 날이 개고 땅이 굳어지면 진격할 작정이라는 회답을 보내 왔으나, 사실은 그럴 뜻이 전혀 없었다.

명나라 대군이 개성에 머무른 지 여러 날이 되자 군량이 떨어지기 시작했다. 당시에는 배편으로 강화도에서 좁쌀과 말먹이 풀을 실어 오는 한편, 충청도와 전라도에서 세금으로 거두어 둔 양식을 역시 뱃길로 실어 오는 것이 고작이었는데, 그것도 도착하자마자 떨어져 사정이 매우 다급했다.

어느 날, 명나라 장수들은 군량이 떨어졌다며 이여송에게 물러가자는 말을 했다.

그 말을 들은 이여송은 노해서 발을 구르며 나를 비롯하여 호조 판서 이성중과 경기 좌감사 이정형을 불러들여 뜰 아래 꿇어앉혔다. 그리고 큰 소리로 꾸짖으며 즉시 군법을 시행하려고 하였다.

사태가 이에 이르자 나는 우선 일이 잘못되었다고 사과하며 이여송의 노여움을 풀기 위해 진땀을 흘렸다.

그러면서도 어쩌다 나라의 일이 이 지경이 되었나 돌이켜 생각해 보니 하염없이 눈물이 흘러 옷깃을 적셨다.

이여송도 나의 그런 모습을 보기가 민망했던지, 좌우에 서 있는 장수들을 돌아보며 일장 연설을 했다.

"지난날 우리가 서하를 평정할 때는 며칠씩 아무것도 먹지 못해도 퇴각하자는 말을 하는 장수가 하나도 없었다. 그리하여 마침내 큰 공을 세우고 돌아오지 않았는가. 그런데 이제 조선에 와서 겨우 며칠 군량을 대지 못한다고 하여 군사를 되돌리자고 한다는 게 말이나 되느냐? 내 분명히 말하겠는데, 돌아가고 싶은 사람은 돌아가라. 나는 이 땅에서 적을 물리치기 전에는 한 발자국도 움직이지 않겠다. 장부라면 마땅히 말가죽으로 자기 시체를 싸 갖고 돌아가야 하지 않겠느냐?"

비로소 명나라 장수들은 머리를 조아리며 잘못을 빌었다.

이여송과 헤어져 나온 나는, 군량을 제때에 헤아려 대지 못한 죄를 물어 개성 관아의 보급 책임자를 곤장으로 다스렸다.

이윽고 강화로부터 군량미를 가득 실은 배 수십 척이 나루에 와 닿음으로써 일은 무사히 수습되었다.

그날 밤, 이여송은 장세작을 보내어 나를 초청했다. 그는 나의 언짢은 마음을 달래는 한편, 작전에 관해서 자문을 구해 왔다.

이여송은 그런 일이 있은 지 얼마 안 되어 평양으로 되돌아갔다.

그 무렵 왜적의 장수 가토 기요마사는 아직 함경도에 있었는데, 곧 평안도의 양덕, 맹산으로 나와 평양을 공격할 것이라는 소문이 퍼졌다.

더 북쪽으로 물러가고 싶은 생각이 굴뚝 같은데도 적당한 구실을 찾지 못해 주저하고 있던 이여송은, 마침 잘됐다는 듯 말했다.

"군사 작전의 요지인 평양성을 지키지 않으면 우리의 대군이 돌아갈 길을 잃고 말 것이다."

그리고 그 길로 평양으로 후퇴하고 말았다.

그러면서 이여송은 부하 장수 왕필적 등이 거느리는 소규모 부대를 개성에 남겨 성을 지키도록 했다.

평양성으로 떠나면서 이여송이 이덕형에게 말했다.

"고립된데다가 구원병의 지원도 없으니 조선의 군사도 임진강 북쪽으로 물러나도록 하시오."

그 때 전라도 순찰사 권율은 경기도 고양의 행주에 있었고, 순변사 이빈은 파주, 고언백과 이시언 등은 해유령, 도원수 김명원은 임진강 남쪽에 있었으며, 나는 동파에 있었다. 따라서 이여송의 이러한 조치는 행여 적이 구원군이 물러간 틈을 타서 쳐들어오지 않을까 하는 염려에서 비롯된 것이었다.

그 말을 듣고 나는 조사관 신경진을 이여송에게 보내 물러나서는 안 될 다섯 가지 이유를 들어 설명하게 했다.

"우선은 우리 나라 역대 선왕의 분묘가 모두 경기도 안에 있는데, 지금은 이 땅이 도적의 발 아래 있어 신령이나 백성이나 한결같이 되찾기를 바라는 마음이 간절하니 차마 버리고 갈 수 없고, 둘째는 경기도 남쪽에 남아 있는 백성들의 유일한 희망은 구원병이었는데, 이제 갑자기 물러나게 되면 의지할 곳을 잃은 백성들이 목숨을 부지하기 위해 어쩔 수 없이 적편에 가담할 것이니 불가하며, 셋째는 우리 나라 땅을 한 자 한 치라도 쉽게 버릴 수 없으니 불가하며, 넷째는 우리 장병들이 명나라 구원병을 믿고 용기를 얻어 함께 나가 싸울 것을 도모하고 있는데, 이제 대군이 물러나면 모두 원망을 품고 뿔뿔이 흩어져 버릴 것이니 불가하고, 다섯째는 일단 명나라 구원병이 물러나면 적들은 기세가 올라 덤벼들 것이니, 그렇게 되면 임진강 이북조차도 지킬 수가 없으니 불가합니다."

그러나 이여송은 그 말에 대해 아무 반응을 보이지 않았다.

행주 대첩

행주 산성을 지키던 전라도 순찰사 권율이 적을 맞아 크게 무찌른 다음 군사를 파주로 옮겼다.

앞서 권율은 광주 목사로 있었는데, 이광의 뒤를 이어 전라도 순찰사가 되어 근왕군을 이끌게 되었다. 권율은 이광 등이 들판에서 적을 맞아 싸우다가 참패한 것을 교훈 삼아 수원에 주둔하게 되자 독성 산성을 굳게 지키며 버텼다. 그러자 왜적은 감히 성을 넘보지 못했다.

권율은 이와 같이 성을 지키고 있다가 곧 명나라 구원병이 서울로 들어올 것이라는 소식을 듣고 한강을 건너 행주 산성에 진을 쳤다.

그러자 왜적들이 서울로부터 대군을 이끌고 몰려와 공격을 시작했다.

성을 지키던 군사들은 미리 겁을 집어먹고 사방으로 흩어져 달아날 마음을 먹었다. 하지만 뒤에 강물이 있어 달아나려야 달아날 길이 없자, 어쩔 수 없이 목숨을 걸고 힘껏 싸웠다.

적들은 화살이 비오듯 쏟아지는 가운데 세 갈래로 나뉘어 성을 번갈아 쳐들어왔으나, 그 공격은 모두 실패로 끝났다.

이윽고 해가 지자 적들은 자기 편 시체를 버려둔 채 서울로 돌아갔다.

적들이 물러간 후, 권율은 군사들을 시켜 적의 시체를 거두어 찢게 했다. 그런 다음, 그 시체를 여기저기 나뭇가지에 빨래처럼 걸어 놓아 가슴속의 울분을 풀었다.

얼마 지나지 않아, 패전을 앙갚음하기 위해 적들이 다시 몰려올 것이라는 말이 들려왔다. 그러자 권율은 군사를 이끌고 임진강으로 나가 도원수 김명원에게로 갔다.

그 소식을 듣고, 나는 혼자서 말을 달려 파주 산성에 올라가 그 일대를 둘러보았다. 지형이 험한데다가 큰길을 끼고 있어서 요충지가 되기에 충분했다.

나는 돌아가는 길에 순찰사 권율과 순변사 이빈을 불러 지시했다.

"적이 서쪽으로 뻗어 나오지 못하도록 두 사람이 거느리고 있는 군사를 합하여 산성을 굳게 지키라."

그리고 방어사 고언백과 이시언, 조방장 정희현과 박명현 등에게는 유격병을 이끌고 해유령을 막아 지키도록 일렀다. 또한 의병장 박유인, 윤선정, 이산휘 등에게는 오른쪽 길을 따라 창릉, 경릉 사이에 숨어 있다가, 적병이 무리를 지어 몰려오면 싸움을 피하고 그 수가 적으면 틈을 보아 치도록 지시했다.

그러자 적은 마음대로 성을 나와 땔감과 말먹이 풀을 베어 가지 못했다. 그 결과, 먹이를 먹지 못한 말들이 수없이 굶어 죽었다.

창의사 김천일, 경기 수사 이빈, 충청 수사 정걸 등에게는 용산과 서강까지 각각 배를 타고 나가 적의 세력을 흐트러 놓을 것을 지시했다.

충청도 순찰사 허욱에게는 양성에 머물러 충청도를 지키면서, 적이 남쪽으로 뻗어 가지 못하도록 막으라고 일렀다.

또한 경기, 충청, 경상 각 도의 관군과 의병장에게 공문을 띄워, 각자 맡은 고장에서 적이 나가는 길목을 막아 양쪽에서 들이치기를 당부하고, 양근 군수 이여양에게는 용진 나루를 지키라고 일렀다.

그런 다음, 일선의 장수들이 벤 적의 머리를 모아다가 개성 남문 밖에 매달아 놓게 했다. 제독 참군 여응종이 그것을 보고 웃으며 말했다.

"조선 사람도 이젠 적의 머리를 아무렇지도 않게 베는군."

어느 날, 서울에 있던 왜적이 동문으로부터 쏟아져 나왔다. 양주, 적성을 지나서 대탄까지 나온 그들은 그 일대의 산을 이잡듯 뒤졌지만, 아무

소득 없이 돌아갔다.

그 사실을 안 명나라 총병 사대수가 두려운 얼굴로 내게 말했다.

"적병이 나와 유 공을 사로잡으려고 눈에 불을 켜고 있다는 정탐병의 보고가 있었소. 그러니 지금이라도 개성으로 몸을 피하는 게 어떻겠소?"

이에 나는 결연히 말했다.

"그 보고를 정말로 믿고 하시는 말씀이오? 지금 적들은 우리 군사가 진격할 것을 겁내어 잠을 제대로 못 잘 텐데 감히 경솔하게 강을 건너오겠소? 설령 그것이 사실이라 할지라도 지금 우리가 몸을 움직이면 민심이 동요될 것이 분명하니, 여기서 가만히 적의 동태를 살펴보도록 합시다."

그러자 사대수는 껄껄 웃었다.

"옳은 말씀이오. 만일 적이 쳐들어온다 해도 유 공과 생사를 함께하겠소."

그리고 그는 자기가 거느리고 있는 군사 수십 명을 뽑아 보내어 나를 호위하게 했다. 호위 병사들에게 얼마나 단단히 일렀는지, 그들은 심한 비바람이 몰아치는 날 밤에도 뜬눈으로 지새며 나를 지켰다. 그러다가 적병이 다시 서울로 되돌아갔다는 소식을 듣고서야 비로소 물러갔다.

얼마 후, 권율이 파주 산성에 진을 치고 있다는 사실을 알아 낸 적들은 지난날의 원한을 갚고자 대군을 일으켜 서쪽 길을 타고 광탄까지 나와 진을 쳤다. 광탄은 파주 산성에서 불과 몇 리밖에 떨어지지 않은 곳이었다.

하지만 적들은 더 이상 진격하지 못한 채, 정오에서 2시경까지 우리 편의 동정만 살피다가 진지로 다시 들어간 뒤에는 나오려 하지 않았다. 권율이 버티고 있는 산성의 지형이 험해서 쉽게 공격할 수 없다고 생각했기 때문이었다. 나는 구원병의 남방 장수 왕필적에게 편지를 보냈다.

적이 험한 곳에 진을 치고 있기 때문에 아직은 쉽게 공격을 할 수가 없을 것 같습니다. 그러니 대군을 동파에 머무르게 한 다음, 파주에는 후속 부대를 보내 적의 후방을 견제하며 남쪽 군사 1만 명을 뽑아 강화에서 한강 남쪽으로 올라오게 하는 것이 좋을 것입니다. 그러면서 군데군데 있는 왜적의 진영을 갑자기 들이치면, 서울에 있는 적들은 돌아갈 길이 끊기게 될 것입니다. 그렇게 되면 적들은 틀림없이 용진으로 달아날 것입니다. 그 틈을 타 뒤에 있는 군사를 출동시켜 강나루마다 덮친다면, 한꺼번에 적병을 쳐부술 수 있을 것입니다.

내 편지를 읽은 왕필적은 무릎을 치며 탄복해 마지않았다.
"정말 기막힌 계략이로다!"

왕필적은 즉시 정탐병 36명을 가려 뽑은 다음, 그들을 충청도 의병장 이산겸의 진에 보내 적의 형세를 살펴보고 오게 했다.

그 때 왜적의 정예 부대는 모두 서울 장안에 있었다. 후방에 있는 군사들은 하나같이 병들고 쇠약한 자들이었다.

얼마 후, 정탐병이 돌아와서 보고했다.

"군사를 1만 명이나 동원할 필요는 없습니다. 2,3천 정도만 가지고도 충분히 쳐부술 수 있을 것 같습니다."

그러나 이여송은 명나라 북방 출신의 장수였다. 그는 조선에 나온 이래 남방 출신 군사를 심하게 견제해 왔는데, 이 계략도 그런 이유로 허락하지 않았다.

임금께 굶주린 백성의 구제를 위해 군량으로 쓰다 남은 곡식을 풀 것을 청하니 허락하셨다.

왜적들이 서울을 점령한 지 어느덧 2년이나 지났다. 적의 칼날과 방화로 인한 피해로 온 나라가 쑥밭이 되었으니, 백성은 땅을 두고도 농사를 지을 수가 없었다. 농사를 짓지 못하는 바람에 굶어 죽는 사람의 숫자는 헤아리기도 끔찍할 정도였다.

내가 동파에 있다는 말을 듣고 성 안에 남아 있던 백성들이 야윈 몸을 서로 부축하거나 업고 몰려왔는데 그 수가 엄청났다.

구원병의 총병 사대수는 길가에 죽어 쓰러진 어머니의 품에서 젖을 빨고 있는 아기를 보고 불쌍히 여겨 부하를 시켜 데려오게 했다. 그 아기를 진중에서 맡아 기르도록 조치한 다음 그가 나에게 말했다.

"죄 없는 백성들이 이 지경에 이르렀으니 이 일을 어쩌면 좋단 말이오? 하늘도 한탄할 일이고 땅도 슬퍼할 일이구려."

그 말을 들으며 나는 흐르는 눈물을 막을 수가 없었다.

남쪽에서는 군량을 실은 배가 잇달아 올라왔다. 그러나 구원병의 대군이 계속하여 도착한다는 전갈이 있었으므로, 한 톨의 곡식도 허투루 쓸수가 없었다.

바로 그 때, 전라도의 군량, 말, 군사를 모집하는 소모관 안민학이 겉껍질을 벗기지 않은 곡식 1천 석을 배에 싣고 왔다.

나는 곧 임금께 장계를 올려, 이 곡식을 풀어 우선 굶주린 백성들의 허기를 면하게 해 줄 것을 건의했다.

하지만 먹여야 할 사람은 많은데 곡식은 적었다. 생각 끝에 나는 사람을 시켜 솔잎을 따다가 가루를 냈다. 그리고 쌀가루 한 숟갈에 솔가루 열숟갈을 섞어 물에 타서 마시게 했다. 그나마도 굶주린 사람 모두에게 차례가 가는 것이 아니었으므로 허기져 쓰러지는 백성이 더 많았다.

이를 본 명나라 장수들은 자기네들이 먹을 군량 가운데서 30석을 내어 우리 백성들에게 주었다. 하지만 굶주린 백성을 구제하기에는 턱없이 모자라는 양이었다.

어느 날, 밤새도록 큰비가 내렸다. 내 숙소 옆에 굶주린 백성들이 모여들었는데, 그 신음하는 소리는 차마 들을 수가 없었다.

이튿날 아침에 나가 보니, 여기저기 쓰러져 죽은 시체가 널려 있었다. 경상 우도 감사 김성일이 내게 사람을 보내어 급박한 사정을 호소해 왔다.

"전라 좌도에 있는 곡식을 꾸어 우선 백성들의 허기를 면하게 하고, 또 그 중 일부를 비축하여 봄에 뿌릴 종자로 삼으려 하는데, 전라 도사 최철견이 곡식을 꾸어 주려 하지 않습니다."

마침 지사 김찬이 호서에 있었다. 나는 그에게 공문을 보내 남원 등지에 있는 곡식 1만 석을 풀어 영남 백성들에게 나누어 먹이라고 지시했다.

적병들은 서울에서부터 남쪽 바다 끝까지 퍼져 있었기 때문에, 백성들은 높은 산이나 깊은 골짜기에 숨어 지내고 있었다. 그러니 농사철인 4월인데도 들판에는 보리싹 하나 찾아볼 수 없었다.

왜적이 그런 상태로 몇 달 동안 물러가지 않았으면, 우리 백성들은 거의 다 굶어 죽었을 것이다.

두 번째 강화 회담

4월 7일, 이여송이 군사를 거느리고 평양에서 개성으로 되돌아왔다. 그에 앞서, 김천일이 거느린 부대에 있던 이진충이라는 사람이 자청하여 나섰다.

"제가 서울에 들어가 적의 형편을 살펴보고 임해군과 순화군 두 왕자를 만나 뵙고 오겠습니다."

그런 다음 서울에 들어가, 두 왕자 이외에 장계군 황정욱까지 만나 보고 와서 보고했다.

"적들은 분명히 강화할 의사가 있는 듯했습니다."

그로부터 얼마 있다가, 왜적이 용산에 있는 우리 수군에게 글을 보내어 화친하기를 청했다. 김천일은 즉각 그 글을 내게 보내 왔다.

'이여송은 이미 싸울 생각이 없는 사람이다. 하지만 혹시 이 글을 계기로 적을 물리칠 수 있다고 본다면, 그는 다시 개성으로 돌아오지 않을 수 없을 것이다.'

나는 그런 생각으로 그 글을 사대수에게 보였다.

사대수는 심복 부하인 이경으로 하여금 평양으로 가서 제독에게 그 글을 전하게 했다. 그 글을 본 이여송은 유격 대장 심유경을 불러들였다. 그 자리에서 김명원이 심유경에게 말했다.

"지난번 평양성에서 당한 것을 분하게 여겨 적은 틀림없이 좋지 않은 뜻을 품고 있을 텐데 어떻게 다시 적진으로 들어갈 수 있겠습니까?"

그러나 심유경은 느긋했다.

"그야 왜병들이 빨리 물러가지 않은 탓인데 그것이 나하고 무슨 상관이 있단 말이오?"

그리고 그는 적진으로 향했다.

적의 진중에 들어가서 심유경이 무슨 말을 어떻게 했는지는 모른다. 하지만 짐작건대, 왕자와 왕자를 따르는 관리들을 돌려보내고 빨리 군사를 거두어 부산으로 물러나라고 했을 것이다. 그리고 그런 다음에야 강화를 맺겠다고 했을 것이다.

적들이 심유경에게 약속을 지키겠다고 다짐하자 이여송은 비로소 개성으로 돌아왔을 것이다.

나는 이여송에게 적이 보낸 글을 다시 보이면서 간곡하게 말했다.

"지금은 화친하는 것이 상책이 아닙니다. 오직 적을 쳐서 물리치는 것만이 상책 중의 상책입니다.”

“이미 내 마음에 결정된 바가 있소.”

이여송은 내 말을 들으려 하지 않고 유격 장군 주홍모를 왜적의 진영으로 보냈다.

파주에서 도원수 김명원과 함께 권율의 진중에 있다가 주홍모를 만났다. 주홍모는 우리들에게 황제의 명령을 적은 깃발인 기패에 절하기를 권했다. 이에 나는 얼굴빛을 바로 하고 말했다.

“우리가 무엇 때문에 왜적의 진영으로 들어갈 기패에 절을 한단 말이오? 이 기패에는 적을 죽이지 말라는 명나라 병부 우시랑이 쓴 특별한 글까지 있는데 우리가 어찌 받들 수 있겠소?”

그런데도 주홍모는 기패에 절하기를 세 번 네 번 권했다. 나는 그 권유를 끝내 거절하고 말을 달려 동파로 돌아갔다.

주홍모로부터 그와 같은 사실을 보고받은 이여송은 크게 노했다.

“어찌 감히 황제의 명령을 적은 기패에 절하지 않는단 말인가? 내 이를 군법으로 엄하게 다스린 다음에 군대를 물릴 것이다!”

이 말을 전해 들은 이덕형이 서둘러 내게 사람을 보내 왔다.

“일이 몹시 심각하게 되었으니 제독에게 가서 사과를 하십시오.”

다음 날, 나는 도원수 김명원과 함께 개성으로 가서 제독의 영문에 이름을 대고 만나기를 청했다. 그러나 이여송은 노여움이 풀리지 않았는지 만나 주지 않았다.

김명원은 발길을 돌리려 했으나, 나는 그의 소매를 잡았다.

“틀림없이 제독이 우리 속마음을 떠보려는 것일 테니 잠시만 더 기다려 봅시다.”

추적추적 비가 내리는 가운데 팔짱을 낀 채 기다리고 있으려니까, 이여송의 심복 부하가 두 차례나 나와 우리들의 동태를 살피고 들어갔다. 그러더니 얼마 만에 들어오라는 전갈이 있었다.

이여송은 마루에 선 채 우리를 맞이했다.

우리는 그 앞에 가서 예를 표한 다음, 사과의 말을 했다.

"우리가 아무리 어리석다 해도 기패의 소중함을 모르지는 않습니다. 다만 기패 곁에, 우리 나라 사람들에게 적을 죽이지 말라고 한 글이 있기에 그것이 원통하여 절하지 않았던 것뿐입니다. 어찌 되었든 죄를 주시면 받겠습니다."

그러자 이여송은 비로소 얼굴에 부드러운 빛을 띠었다.

"알겠소. 그런데 그 글은 송 시랑이 직접 내린 명령이라 나로선 모르는 것입니다."

그런 다음 그는 말투를 바꾸어 말했다.

"하지만 귀공들이 기패에 절하기를 거절했다는 말이 요동에 있는 송 시랑의 귀에 들어가게 되면, 나까지도 귀공들을 문책하지 않았다고 하여 책망을 들을 것이오. 그러니 일단 그와 같은 사정을 소상히 밝힌 글을 적어 두시오. 그랬다가 송 시랑이 문책을 하게 되면 그 글을 내보여 변명을 하고, 아니면 없던 일로 해 둡시다."

그래서 우리 두 사람은 이여송의 말대로 사정을 밝히는 글을 한 통 썼다. 그 후에 이여송은 적진에 사람을 자주 보내 끊임없이 왕래를 가졌다.

어느 날, 도원수 김명원과 함께 이여송을 만나고 나와 동파로 돌아오고 있었다.

천수정 앞에 이르렀을 때, 마침 사대수의 심복 부하 이경이 개성으로 가다가 우리를 보고 말 위에서 머리를 숙이고 지나갔다.

그런데 우리 일행이 초현리에 이르렀을 때였다. 뒤에서 말을 탄 명나라 기병 셋이 숨이 턱에 차서 쫓아오며 큰 소리로 물었다.

"유 체찰사가 어느 분입니까?"

나는 말고삐를 잡아당겨 길을 멈추고 그들 앞으로 나섰다.

"내가 체찰사인데, 대체 무슨 일이오?"

명나라 기병들이 내 곁으로 다가와, 그 가운데 하나가 내가 탄 말을 채찍으로 후려갈기면서 말했다.

"어서 말을 돌려 빨리 달리십시오!"

그러더니 곁에서 내가 탄 말을 연달아 앞으로 내몰았다.

나는 영문도 모르는 채 그들을 따라 개성을 향해 달렸다. 그 바람에 나와 함께 가던 사람들은 다 뒤처지고, 오직 군관과 종사관 둘만 숨가쁘게 내 뒤를 따라왔다.

청교역을 지나 토성의 모퉁이를 돌아나갈 때였다. 성 안에서 또 한 사람의 명나라 기병이 먼지를 일으키며 달려왔다.

그는 나와 함께 달려온 세 기병에게 무슨 말인가 하더니, 내게 다가와 공손히 읍하면서 말했다.

"그만 돌아가십시오."

나는 어찌 된 일인지 알 수가 없어서 한동안 그 자리에 멍하니 서 있었다.

이튿날 나는 이덕형의 전갈을 받고 나서야 비로소 그 까닭을 알게 되었다. 그 까닭인즉 다음과 같았다.

이여송이 신임하는 부하가 밖에 나갔다가 돌아와서, 내가 강화를 방해할 목적으로 임진강 나루에 있는 배들을 모두 철수시켜 버려 왜병의 진영에 드나들지 못하게 만들고 있다고 보고했다.

이에 이여송은 불같이 노하여 당장에 나를 잡아다가 곤장 40대를 때리라고 명령했다. 그 때는 내가 미처 성에 당도하기 전이었는데, 이여송은 화를 참지 못해 눈을 부릅뜨고, 소매를 걷었다 내렸다 하는가 하면, 자리에서 앉았다 일어났다 하였다. 그 모양을 보고 좌우에 있던 사람들이 모두 겁을 내어 감히 입을 열지 못했다.

바로 그 때, 사대수의 심복 이경이 군막에 도착했다. 이여송은 그에게 임진강에 배들이 있더냐고 물었다.

"그게 무슨 말씀입니까? 배는 전과 같이 그대로 있어 왕래하는 데 아무 불편함이 없습니다."

비로소 자기가 잘못 판단했음을 깨달은 이여송은, 급히 사람을 시켜 나를 잡으러 보낸 자들을 불러들이게 했다. 그러는 한편, 거짓된 보고를 한 부하를 끌어내어 어찌나 매질을 심하게 했던지 숨이 끊어지고 말았다는 것이었다. 그러고 나서 이여송은 자신이 앞뒤 가리지 않고 노했던 것을 크게 후회했다고 한다.

"내 이제 무슨 낯으로 체찰사를 대하겠는가?"

이여송은 내가 강화에 반대하는 입장임을 잘 알고 있었고, 또 그 점으로 인해 내게 불만을 가지고 있었다. 그러던 차에 그런 보고를 듣자, 앞뒤를 헤아려 보지도 않고 화부터 냈던 것이다. 그 노함이 얼마나 심했는지, 옆에 있던 사람들은 모두 내 신상이 위험하다고 생각했다고 한다.

그로부터 며칠이 지났을 때, 이여송은 이번에는 유격 장군 척금과 전세정에게 기패를 들려 동파로 보내 나를 만나게 했다. 도원수 김명원과 관찰사 이정형도 자리를 함께했다.

척금과 전세정은 우리에게 강화할 것을 권유했다.

"왜적은 왕자들과 수행 대신들을 돌려보내고, 서울에서 군사를 거두어 물러가겠다고 제의해 왔소. 일단 그 제의를 받아들여 적을 성에서 나오게 한 다음, 다시 계책을 세워 그들을 무찌르도록 하는 게 어떻겠소?"

이여송이 그들을 보내어 내 뜻이 어떤지 살펴보게 한 것이었다.

나는 소신을 굽히지 않고 평소의 주장을 되풀이했다. 그들도 동의를 얻어 내기 위해 계속 나를 설득했다.

마침내 성미가 급한 전세정이 버럭 화를 내며 소리를 질렀다.

"그러면서 왜 당신네 국왕은 서울을 버리고 달아났소?"

"일단 피했다가 후일을 도모하는 것도 한 가지 방도가 아니겠소?"

내가 조용히 말했다.

전세정과 함께 온 유격 장군 척금은 잠자코 내 표정을 살피며 전세정에게 미소를 짓더니, 마침내 돌아갔다.

4월 19일, 대군을 이끌고 동파에 당도한 이여송은 사대수의 군막에 머물렀다. 그 때는 이미 적병이 물러날 것을 약속한 뒤라 서울로 들어가는 길이었다. 나는 이여송이 머무는 군막으로 찾아갔으나, 그는 만나 주지 않았다.

통역이 문 밖에 나와서 전하길, 내가 그에게 불만이 많을 텐데 만나서 뭘 하겠느냐는 것이었다.

서울 수복

4월 20일, 마침내 서울을 되찾았다. 구원병을 이끌고 성 안으로 들어간 이여송은 남별궁에 머물렀다. 왜적은 그 하루 전 이미 성을 비우고 떠난 뒤였다.

나도 명나라 군사를 따라 성 안으로 들어갔다. 성 안에 남아 있던 백성들은 거의 몸이 온전한 사람이 없었고, 살아 남은 백성들도 한결같이 굶주리고 병들어 차마 눈을 뜨고 볼 수가 없었다.

게다가 날씨마저 무더워 푹푹 삶는 듯했다. 사람들은 원인 모를 병으로 죽어 가고 말들도 픽픽 쓰러져 죽었다. 거리마다 시체와 말 썩는 냄새가 진동해 코를 막지 않고는 다니기가 힘들었다.

관청이고 민가고 할 것 없이 건물이라곤 흔적조차 없었다. 다만 적들이 머물러 있던 숭례문(지금의 남대문) 동쪽 남산 밑에는 그들이 숙소로 쓰던 집들이 조금 남아 있었다.

종묘와 세 궁궐과 종루, 그리고 큰길 북쪽에 있던 여러 관청들도 모두 불에 타서 재로 변했는데, 남별궁은 왜적의 장수 수가가 머물러 있던 곳이어서 화를 면했다.

나는 먼저 종묘에 들어가 한바탕 통곡을 했다. 그런 다음 이여송의 거처에 들러 문안을 했다. 그 곳에서 여러 대신들을 만나 서로 붙들고 소리를 내어 울었다. 이튿날 나는 다시 이여송을 찾아가서 말했다.

"적은 아직 그렇게 멀리 가진 못했을 것입니다. 이 때를 틈타 군사를 출동시켜 그 뒤를 급히 치면 틀림없이 큰 승리를 거둘 것입니다."

그러자 이여송은 난처한 표정을 지었다.

"그러고 싶은 생각이야 나도 굴뚝 같소. 하지만 적의 뒤를 쫓자면 한강을 건너야 하는데, 배가 없으니 어쩌겠소."

내가 그 말에 힘을 얻어 말했다.

"참으로 왜적을 뒤쫓을 마음이 있다면 내가 달려나가 배를 준비해 놓도록 하지요."

"그렇게만 해 준다면 좋소."

이여송의 거처를 나온 나는 그 길로 곧장 한강으로 달려나갔다.

그 전에 나는 경기 우감사 성영과 수사 이빈에게 공문을 보내, 적이 물러간 다음 지체없이 강변에 있는 크고 작은 배들을 모두 한강에 모아 놓도록 했던 것이다. 그렇게 모아 놓은 배가 이미 80여 척에 달했다.

나는 이여송에게 사람을 보내 배편이 다 준비되었다고 보고했다. 얼마 후, 구원병의 영장 이여백이 1만 군사를 거느리고 한강으로 나왔다.

그들이 절반쯤 강을 건넜을 때 날이 어두워졌다. 그러자 이여백은 갑자기 발이 아프다고 수선을 떨더니, 내게 성 안에 들어가 발을 치료하고 나오겠다고 말하고 가마를 불러 타고 돌아갔다. 그 뒤를 따라 이미 강을 건너가 있던 군사까지 되돌아서 성 안으로 가 버렸다. 참으로 어처구니없는 일이었다.

나는 기막히고 분해서 가슴을 쳤으나, 어쩔 수가 없었다. 사실 이여송은 적을 뒤쫓아갈 생각이 전혀 없었지만, 나의 제안을 거절할 명분이 없어 그와 같이 거짓 수작을 벌였던 것이다.

4월 23일, 나는 마침내 병이 나서 자리에 드러누웠다.

5월이 되자, 이여송은 적을 추격한다면서 문경까지 내려갔다가 돌아왔다. 요동에 있는 송 시랑이 그에게 공문을 보내 추격을 지시했기 때문이다. 하지만 그 때 이미 왜적은 서울을 벗어난 지 수십 일이 지났다.

송 시랑은 이여송이 틀림없이 물러가는 적을 쫓아가 치지 않을 것이라 짐작하여 그런 지시를 내렸는데, 사실 이여송은 왜적을 겁내어 끝까지 추격하지 못하고 되돌아왔다. 그 무렵, 왜적은 마음내키는 대로 길에서 쉬거나 머물면서 천천히 남쪽으로 내려가고 있었다. 우리 군사들은 감히 그 앞을 가로막고 나서서 싸우는 사람이 없었다. 그러기는커녕 가는 길목을 지키고 있다가도 적이 나타나면 재빨리 흩어져 숨느라 바빴다.

진주성 싸움

이윽고 남쪽에 당도한 왜적은 대군을 여럿으로 나누어 바닷가에 진을 쳤다.

울산, 서생포로부터 동래, 김해, 웅천, 거제에 이르는 열여섯 개의 진은 서로 머리와 꼬리가 이어진 것 같은 형태를 갖추고 있었다. 그들은 모두 산과 바다를 끼고 성을 쌓거나 참호를 파는 등, 오래 머무를 준비를 하고 있었다. 바다를 건너 돌아갈 생각은 아예 없는 듯했다.

사천 총병 유정이 복건, 서촉, 남만 등지에서 모집한 명나라 군사 5천 명을 거느리고 나와 성주, 팔거에 주둔했다.

남방의 장수 오유충도 한 무리의 군사를 이끌고 선산, 봉계에 진을 치고, 이녕, 조승훈, 갈봉아 등의 장수는 거창에, 낙상지, 왕필적이 이끄는 군사는 경주에 진을 쳐 사방에서 왜적을 포위한 채 버티었다.

그 구원병들이 먹을 양식은 모두 충청도와 전라도에서 실어 왔는데, 험한 산길을 넘어 여러 곳에 나누어 주려니 백성들의 고생이 이만저만이 아니었다.

이여송은 다시 심유경을 적의 진영에 보내 빨리 일본으로 돌아갈 것을 권유했다. 그러는 한편, 측근 두 사람을 일본에 보내어 군사를 거두어 가는 문제로 도요토미 히데요시와 교섭을 벌이게 했다.

6월이 되자 적은 비로소 임해군, 순화군 두 왕자와 수행 대신 황정욱, 황혁 등을 돌려보내면서 심유경에게 돌아가 보고하도록 했다.

그러면서도 적은 지난날에 패한 원수를 갚겠다고 벼르며 진주성을 에워싸고 있었다. 그들은 임진년에 진주성을 공격하다가 목사 김시민의 결사적인 저항에 부딪쳐 물러났던 일을 분하게 여겼던 것이다.

진주성은 8일 만에 적의 수중에 들어갔다. 목사 서예원, 판관 성수경, 창의사 김철일, 경상 병사 최경회, 충청 병사 황진, 그리고 의병 대장 고종후 등이 이 싸움에서 목숨을 잃었다. 군사와 백성은 무려 6만여 명이나 죽었고 소와 말, 심지어는 강아지와 병아리에 이르기까지 남은 것이 없었다.

그리고 나서도 적은 진주성을 불질러 무너뜨리고, 참호와 우물을 메워 버리고, 생나무까지 베는 등 지난날의 분풀이를 철저하게 했다. 6월 28일의 일이었다.

그에 앞서 우리 조정에서는 왜적이 남쪽으로 물러가기 시작했다는 말을 듣고 여러 장수에게 격문을 보내 그 뒤를 쫓아가 치라고 명했다.

그 명에 따라 도원수 김명원과 순찰사 권율이 이끄는 군사들, 그리고 의병들이 의령으로 몰려들었다.

　행주 산성 싸움에서 이긴 경험이 있는 권율은 자신감을 갖고 진격하려고 했다. 그러자 곽재우와 고언백이 만류했다.

　"적은 지금 한창 사기가 올라 있지만, 우리 편에는 변변하게 싸움을 할 만한 병사도 없는 형편입니다. 그런데다가 군량조차 확보되어 있지 않으니 가볍게 진격해서는 안 됩니다."

　다른 사람들도 그 의견을 옳게 여겨 말렸다.

　다만 사태를 제대로 파악하지 못한 이빈의 종사관 성호선은 권율과 뜻이 맞아 마침내 군사를 이끌고 강을 건너 함안으로 나아갔다. 그러나 성 안은 텅텅 비어 먹을 것이 하나도 없었다. 허기진 병사들은 익지도 않은 풋감으로 배를 채우는 형편이었다. 그러니 싸울 의욕이 있을 리 없었다.

　이튿날, 김해에 있던 적의 대군이 몰려온다는 소식이 있었다.

　그대로 함안에 남아 성을 지켜야 한다는 편과, 군사를 물려 정진 나루를 지켜야 한다는 편으로 나뉘어 결정을 내리지 못하고 있을 때, 적의 총소리가 들려왔다. 그러자 민심은 걷잡을 수 없이 동요되었다. 누가 먼저랄 것도 없이 앞다투어 성을 빠져 나가려고 서로 밀치다가 적교에서 떨어져 죽는 자도 수없이 많았다.

　우리 군사들은 결국 함안성을 포기하고 정진 나루로 물러났다. 그러나 적군은 공격의 고삐를 늦추지 않고 강과 육지에서 동시에 몰려들었다. 양쪽에서 까맣게 밀려오는 적군의 모습에 겁을 먹은 장수들이 하나 둘 꽁무니를 빼기 시작했다.

　권율, 김명원, 이빈, 최원 장수는 전라도 쪽으로 달아났고 김천일, 최경회, 황진 등은 진주성으로 도망쳐 들어갔는데, 뒤따라온 적이 성을 에워쌌다.

진주 목사 서예원, 판관 성수경은 명나라 장수를 대접하느라고 오랫동안 상주에 머물러 있었는데, 적이 진주로 향했다는 말을 듣고 부랴부랴 돌아온 지 겨우 이틀 만의 일이었다.

진주성은 원래 사방이 험한 지형으로 둘러싸인 천연의 요새였으나, 임진년인 1592년 동쪽 낮은 평지로 옮겨 다시 쌓았던 것이다.

적은 성 주위에 높은 다락 여덟 개를 세워 놓고 그 위에 올라가서 성 안을 훤히 내려다보며 공격할 수 있게 했다. 그리고 한편으로는 성 밖 대나무숲에서 대를 베어다가 큰 다발로 묶어 그것으로 앞을 가린 다음, 그 안에서 조총을 마구 쏘아 댔다. 그 요란한 총소리 때문에 성 안 사람들은 감히 나가 싸울 엄두를 내지 못했다.

김천일이 이끌고 온 군사는 하나같이 전투 경험이 없었고, 김천일 또한 군사를 지휘하는 데 서투른데다가 고집만 세웠다. 그리고 목사 서예원과는 평소부터 사이가 좋지 않아, 주인과 손님이 서로 견제하는 바람에 명령 계통이 서지 않았다. 그러니 패배는 너무도 당연한 일이었다.

충청 병사 황진은 동쪽 성에서 홀로 며칠 동안 꿋꿋이 버티었다. 그러나 그도 마침내 날아온 적의 총알에 맞아서 목숨을 잃었다.

황진이 쓰러지자 군사들은 싸울 의욕을 잃었다. 게다가 믿었던 구원병마저 오지 않자 사기는 걷잡을 수 없이 떨어졌는데, 설상가상으로 비까지 쏟아져 성의 한쪽이 무너졌다. 그 무너진 쪽으로 적이 개미 떼처럼 몰려들었다. 성 안에 있던 사람들은 무너져 내린 성벽을 가시나무로 막고, 있는 대로 돌을 던져 가까스로 적을 물리쳤다.

그런데 북문을 지키고 있던 김천일은 성이 이미 함락되었으리라고 잘못 짐작하고 군사들을 흩어지게 했다. 높은 다락에서 성 안을 굽어보던 적병은 그 틈을 노려 일제히 성벽으로 치고 올라왔다. 성의 곳곳을 지키던 우리 군사들은 속절없이 무너져 갔다.

김천일은 촉석루에서 이 광경을 바라보고 있었는데, 너무도 기가 막혀 최경회와 손을 마주 잡고 한참을 울다가 강물에 뛰어들어 스스로 목숨을 끊었다. 진주성에서 살아 나온 사람은 몇 명에 지나지 않았다. 왜적이 쳐들어온 이후 이토록 많은 사람이 죽은 싸움은 처음이었다.

김천일이 의롭게 죽었다 하여 조정에서는 그의 벼슬을 의정부 우찬성으로 높이고, 권율은 적을 겁내지 않고 용감하게 싸웠다고 하여 김명원 대신 도원수로 삼았다.

진주성이 적에게 함락되었다는 소식을 들은 명나라 총병 유정은 팔거에서 합천으로 달려나갔고, 장수 오유충은 봉계에 있던 군사를 이끌고 초계로 가서 경상 우도를 지켰다.

진주성을 무참하게 짓밟은 왜적은 부산으로 가서, 명나라 조정에서 강화를 허락한다면 자기 나라로 돌아가겠다는 말을 퍼뜨렸다.

심유경과 고니시 유키나가의 속셈

임금께서 서울로 돌아온 것은 10월이었다. 12월에는 명나라 사신이 우리 나라에 왔다.

그보다 먼저, 심유경은 도요토미 히데요시의 항복서와 함께 왜적의 장수 하나를 데리고 중국으로 돌아갔다.

명나라 조정에서는 그 항복서가 도요토미 히데요시가 아니라 고니시 유키나가 등이 만든 가짜일 것이라고 생각했다.

자기가 중국에 돌아가기를 기다렸다는 듯 진주성을 공격했다는 소식에, 심유경도 적의 속셈을 의심하게 되었다. 그래서 그는 데리고 간 왜장을 요동에 머물러 있게 한 다음, 한동안 일본에 회답을 보내지 않았다.

그 무렵 이여송을 비롯한 여러 장수들은 모두 명나라로 돌아가고, 오직 유정, 오유충, 왕필적 등의 장수에게 딸린 1만여 명의 군사들만 머물러 있었다.

그 때 우리 나라는 서울이고 지방이고 할 것 없이 참으로 비참한 지경에 처해 있었다. 늙은이와 아이들은 굶고 병들어 쓰러지고, 젊은 장정들은 모두 도둑으로 변했다. 게다가 전염병까지 돌아 집집마다 곡소리가 끊이지 않고, 굶다 못해 아버지와 아들, 지아비와 지어미 사이에 서로 뜯어먹는 참상도 빚어졌다. 여기저기 나뒹구는 사람의 해골뼈가 발길에 채일 정도였다.

얼마 후, 팔거에 있던 명나라 군사들은 남원으로 진을 옮겼다가 다시 서울에 올라와서 자리를 잡았다. 그러나 10여 일이 지나자 모두들 슬며시 중국으로 돌아가 버렸다.

이와 같이 구원병이 다 돌아갔는데, 적은 그 때까지 바닷가에 진을 치고 돌아갈 기색이 없었다.

이 때 요동 경략 송응창은 탄핵을 받아 자리에서 물러나고, 새로 고양겸이 경략이 되어 요동에 부임해 왔다. 그는 부하 장수인 호택을 시켜, 우리가 넓은 마음으로 왜국을 위해 그들로 하여금 조공을 바치게 해 달라고 명나라에 청하라는 내용의 글을 보내 왔다.

'우리 명나라에서 이를 허락한다면 왜놈들은 틀림없이 그 처사에 감동할 것이고, 또한 조선에 대해서도 고맙게 여겨 군사를 거두어 물러갈 것이다. 왜놈들이 물러간 다음, 그대들 임금과 신하가 뜻을 한데 모아 나라의 힘을 기른다면, 하늘도 그대들을 도와 반드시 원수 갚을 날을 베풀 것이다.'

긴 편지였으나 그 대강의 뜻은 위와 같았다.

호택은 우리 나라에 석 달이나 머물러 있었는데, 조정에서는 어떻게 회답해야 할 것인지 결정하지 못했다. 임금도 입장이 매우 난처하여 어찌할

바를 모르셨다. 그 때, 나는 병석에 누워 있었다. 그러나 임금에게 장계를 올려 다음과 같이 아뢰었다.

'왜국의 조공 바치는 일을 우리가 명나라에 청원한다는 것은 사리에 맞지 않는 일입니다. 그보다는 차라리 이 즈음에 일어난 일과 우리가 처한 사정을 상세히 알리고, 그 처리를 따르도록 하는 것이 마땅할 것입니다.'

나는 여러 차례 같은 뜻의 글을 올렸다. 마침내 임금께서는 나의 건의를 받아들이시어 허욱을 사신으로 삼아 명나라로 보냈다.

그 무렵, 고양겸이 요동 경략에서 물러나고 손광이 새로 그 자리에 앉았다. 명나라 병부에서는 황제의 결재를 받아, 심유경을 따라왔던 왜장 소서비를 불러 세 가지 조건을 내놓았다.

첫째, 봉작(중국에서 일본을 신하의 나라로 인정하여 작위를 내리는 것을 말함)만 요구하고 조공은 요구하지 말라.

둘째, 한 사람의 왜병도 부산에 남겨 두지 말라.

셋째, 앞으로 다시는 조선을 침범하지 말라.

이 세 가지 조건을 받아들인다면 즉시 봉작을 하겠지만, 그렇게 못한다면 다 그만두라고 했다.

왜장 소서비는 하늘을 가리키며 반드시 약속을 지키겠다고 맹세했다.

그러자 명나라 조정에서는 심유경으로 하여금 왜장 소서비를 데리고 왜군의 진영에 들어가 약속된 사항을 알리고 그들을 달래게 했다.

그리고 이종성과 양방형을 사신으로 보내어 도요토미 히데요시를 일본국 왕에 봉하도록 하되, 두 사람은 우리 나라에 들어와 왜군이 완전히 물러갈 때까지 기다리도록 했다.

선조 28년(1595년) 4월, 이종성 일행은 서울에 와서 왜병의 철군을 재촉했다. 왜적들은 우선 웅천의 몇 개 진지와 거제, 장문, 소진포 등지에 있는 군사들을 철수하여 약속대로 할 의사가 있음을 보인 다음, 다음과 같이 통지해 왔다.

'지난날 평양성에서와 같이 우리가 또다시 속임수에 넘어갈까 염려스럽소. 황제의 사신이 우리 진영에 들어온다면 약속대로 지키겠습니다.'

8월이 되자 부사 양방형이 먼저 부산에 도착했다. 하지만 왜적은 정사 이종성이 와야 한다면서 철군 날짜를 뒤로 미루었다. 이에 모두들 왜적의 속셈을 의심했다.

하지만 명나라의 병부 상서 석성은 심유경의 말을 믿어, 왜적이 딴마음을 품을 리가 없다고 생각했다. 그리하여 왜적을 물러가게 하는 데만 급급하여 그들의 요구대로 서둘러 이종성을 보냈다.

명나라 조정에는 석성의 조치를 못마땅하게 생각하는 대신들도 있었으나 그는 자기가 모든 일을 책임진다고 하면서 소신대로 일을 밀고 나갔다.

9월에 정사 이종성이 부산에 이르렀다. 그러나 왜장 고니시 유키나가는 얼른 만나러 오지도 않은 채, 도요토미 히데요시에게 가서 보고하고 결재를 받은 다음에 사신을 맞겠다고 했다.

일본으로 건너갔던 고니시 유키나가는 이듬해인 1596년 1월에야 돌아왔다. 하지만 철군에 대해서는 한 마디도 분명한 말을 하지 않았다.

할 수 없이 심유경은 두 사신을 그대로 부산에 머물러 있게 한 다음 혼자서 고니시 유키나가와 함께 일본으로 떠났다. 그는 앞으로 일본에 건너갈 자기 나라 사신의 예의 절차를 상의하러 간다고 했으나, 아무도 그 속셈을 헤아릴 수는 없었다.

심유경은 비단옷을 입은 채 배에 올랐는데, 그 뱃머리에는 '두 나라를 조정하여 싸움을 그치게 한다'는 글을 크게 써서 달고 떠나갔다. 그에게서는 오랫동안 소식이 없었다.

정사 이종성은 명나라 개국 공신인 문충공의 후손으로, 그 공적으로 벼슬을 이어받았다. 그런데다가 귀한 집안에서 곱게만 자라 성품이 모질지 못하고 겁이 많았다.

어느 날, 어떤 사람이 이종성을 찾아와 말했다.

"사실 왜적의 우두머리인 도요토미 히데요시는 명나라에서 봉작을 받을 생각이 전혀 없다는 말이 있소. 그는 장차 그대들을 왜국으로 유인해다가 가두어 놓고 욕을 보일 생각인 모양이오."

이 말을 들은 이종성은 안절부절 어쩔 줄을 몰랐다. 그러다가 그는 마침내 한밤중에 평복으로 갈아입고 병영을 빠져 나와, 거느리던 하인과 결재에 필요한 도장까지 팽개친 채 홀로 달아났다.

이튿날 아침, 이 사실을 알게 된 왜군은 이종성의 행방을 쫓아 양산의 석교까지 갔으나 결국은 찾지 못했다.

혼자 왜군의 진영에 남은 부사 양방형은 왜군들을 무마하는 한편 우리 조정에도 공문을 보내, 놀라서 소동을 일으키는 일이 없도록 당부했다.

한편, 이종성은 며칠 동안 산길을 더듬어 나가 경주를 거쳐 서쪽으로 도망쳤다. 그 때 심유경과 고니시 유키나가가 부산으로 돌아왔다.

왜적은 서생포, 죽도 등지에 머물러 있던 군사를 철수시켰다. 그렇게 되자 아직 철수하지 않은 부대는 부산에 있는 네 곳뿐이었다.

심유경이 다시 부사 양방형과 함께 일본으로 건너가게 되었다. 그는 우리 나라에서도 사신을 보낼 것을 요구하며 자기 조카를 서울로 보내 재촉했다. 하지만 우리 조정에서는 그것을 못마땅히 여겨 사람을 보내지 않았다. 심유경의 조카는 거듭 함께 갈 것을 요구했다. 마지못해 조정에서는 무장 출신의 이봉춘을 사신으로 내정했다. 그러자 한 대신이 반대 의견을 내놓았다.

"만에 하나 무장 출신이 왜국에 들어가 실수라도 하게 되면 어쩌실 겁니까? 당연히 사리를 잘 가려서 판단하는 문관 출신을 보내야 합니다."

그 말을 옳게 여긴 조정에서는 한때 심유경을 영접한 일이 있는 문관 출신 황신을 일본으로 보내기로 했다.

얼마 후 명나라 사신 양방형과 심유경이 일본에서 돌아왔다.

도요토미 히데요시는 양방형 일행이 일본에 도착하기 전에 관사를 웅장하게 꾸몄다. 위세를 드러내고 싶었던 것이다. 그런데 갑자기 지진이 일어나 공들인 관사가 하룻밤 사이에 무너지고 말았다. 그 바람에 하는 수 없이 다른 집을 빌려 일행을 맞이했다.

도요토미 히데요시는 처음 몇 번은 작위를 받을 것 같은 태도를 보였으나 어느 날 느닷없이 벌컥 화를 냈다.

"내가 두 왕자를 풀어 주었으면, 조선에서도 마땅히 왕자를 보내 고맙다는 인사를 해야 옳은 일 아닌가? 그런데 이렇듯 하찮은 벼슬아치를 보냈으니, 이는 나를 우습게 여기는 처사로다!"

그러면서 그는 발을 굴렀다. 황신은 어쩔 줄 몰라 쩔쩔매다가 국서도 전하지 못한 채 돌아오고 말았다.

그 무렵, 왜적의 장수 고니시 유키나가는 부산포에 돌아와 있었다. 가토 기요마사는 다시 군사를 거느리고 서생포에 진을 친 다음, 왕자가 와서 사례하지 않으면 결코 군사를 물리지 않겠다고 협박했다.

심유경과 고니시 유키나가는 서로 오가는 동안에 친한 사이가 되었다. 그래서 자기들끼리 억지로 강화를 성사시키려다 보니 명나라와 우리 나라에 알리지도 않고 일을 진행하여, 결과적으로는 일이 어그러지고 말았다.

우리 조정에서는 명나라에 사신을 보내 그와 같은 사실을 알렸다.

그로 인해 병부 상서 석성과 심유경이 벌을 받게 되었고, 우리 나라에 명나라 군사가 다시 나오게 되었다.

원균의 모략

수군 통제사 이순신이 옥에 갇혔다.

처음에 원균은 이순신이 자기를 구원해 준 것을 고맙게 여겼다. 하지만 싸움이 끝난 후 공을 다투는 데에 가서는 사이가 벌어졌다.

워낙 음험한 성품의 소유자인 원균은 만나는 사람마다 붙들고 입에 침을 튀기면서 이순신을 욕했다.

"이순신은 애당초 우리를 구할 생각도 안 했다. 그런 그를 부른 사람이 바로 나다. 그것도 내가 여러 번 청하니까 마지못해 왔던 것이다. 그러니 적을 물리친 전공을 따지자면 마땅히 내가 으뜸을 차지해야 한다."

그러자 조정의 의견은 두 갈래로 나뉘었다.

원래 이순신을 천거한 사람은 나다. 따라서 나를 못마땅하게 여기는 사람들은 한결같이 원균을 두둔하고 이순신을 헐뜯었다. 그런 가운데 우의정 이원익만은 사리를 바르게 따져 이순신을 두둔했다.

"이순신과 원균은 각각 맡은 바 지역이 따로 있소. 그런데 처음에 즉시 달려가 구원하지 않았다고 해서 죄를 씌울 수는 없는 노릇 아니겠소?"

이순신에 대한 계략은 원래 적장 고니시 유키나가의 진영에서 비롯된 것이었다. 고니시 유키나가의 부하 요시라가 바로 그 계략의 하수인이었다. 고니시 유키나가는 요시라를 경상 우병사 김응서의 진에 자주 보내 서로 친숙하게 했다.

가토 기요마사가 다시 조선에 나오려고 할 무렵, 요시라가 김응서를 찾아와 은근히 말했다.

"이번에 강화가 깨진 것은 가토 기요마사 때문이라 우리 대장은 그를 몹시 못마땅하게 여기고 있습니다. 그런데 이번에 그가 다시 조선에 온다고 합니다. 조선 군사는 해전에 능하니, 이 때를 틈타 바다에서 기다렸다가 들이치면 능히 이길 수 있을 것입니다. 부디 기회를 잃지 마십시오."

요시라의 말을 곧이들은 김응서는 조정에 그대로 보고했다.

조정에서도 그 말을 믿었다. 특히 해평군 윤근수 같은 사람은 좋아서 어쩔 줄 모르면서, 이런 기회를 놓쳐서는 안 된다고 여러 차례 임금께 아뢰었다.

마침내 조정에서는 이순신에게 나가 싸울 것을 명했다. 그러나 이순신은 왜적의 간계에 빠지는 것이 아닌가 의심하여 출동하기를 망설였다.

그 무렵 요시라가 다시 김응서의 진영에 나타났다.

"가토 기요마사가 벌써 상륙했습니다. 그런데 조선에서는 왜 그를 치지 않는지 정말 답답합니다."

그러면서 그는 사뭇 안타까운 시늉을 했다.

그 말이 다시 조정에 전해졌다. 그러자 조정은 발칵 뒤집혀 모두가 이순신을 탓하기 시작했다. 이순신을 잡아 올려 심문하자는 사람도 있고, 현감 벼슬을 지낸 박성이라는 자는 약삭빠른 사람이라, 상소를 올려 이순신의 목을 베어야 한다고까지 주장했다. 이윽고 조정에서는 의금부 도사를 내려보내 이순신을 잡아 올리고, 그 자리에 원균을 앉혔다.

이순신을 믿었던 임금은 아무래도 미심쩍은 생각이 들어, 성균관 사성으로 있는 남이신을 한산도로 내려보내 사실을 알아 오게 했다.

남이신이 전라도에 발을 들여놓는 순간, 군인과 백성들이 몰려나와 길을 막으며 이순신의 억울함을 풀어 줄 것을 호소했다.

그러나 남이신은 사실대로 보고하지 않았다.

"가토 기요마사가 섬에서 7일 동안 머무를 때 우리 군사가 나가 싸웠더라면, 넉넉히 무찌를 수 있었을 것입니다. 그런데 이순신이 겁을 내어 망설이는 바람에 그 때를 놓쳤던 것입니다."

그리하여 이순신은 꼼짝없이 옥에 갇히게 되었다.

임금은 조정 대신들에게 이순신의 처리에 대한 의논을 명했다.

대신들은 한결같이 이순신에게 무거운 벌을 내릴 것을 주장했다.

그러나 판중추 부사 정탁은 홀로 이순신을 옹호했다.

"이순신 같은 명장을 죽여서는 안 됩니다. 군사적으로 어떤 것이 이롭고 해로운지는 멀리서 헤아리기 어려운 법입니다. 이순신이 출동하지 않은 데는 틀림없이 그럴 만한 까닭이 있을 것입니다. 훗날을 생각하시어 부디 너그럽게 그 죄를 용서하소서."

그 덕분에 이순신을 사형에 처하라던 주장이 누그러졌다. 그 대신 한 차례 심문을 한 다음, 관직 없는 몸으로 나가 싸우도록 명했다.

그 무렵 이순신의 늙은 어머니가 아들이 옥에 갇혔다는 소식을 듣고 애를 태우다가 그만 세상을 떠났다.

옥에서 풀려나 싸움터로 가던 이순신은 아산에 들러, 어머니 영정 앞에서 통곡을 하였다. 그런 다음 서둘러 권율의 진영에 나가 종군을 하니, 이를 보고 듣는 사람들이 모두 슬퍼했다.

한산도의 패배

1597년 8월 7일, 한산도에서 수군이 패했다. 이 싸움에서 통제사 원균과 전라 우수사 이억기가 죽고, 경상 우수사 배설은 달아났다.

이순신 대신 수군 통제사가 된 원균은, 한산도에 부임하자마자 이순신이 만들어 놓은 제도를 모조리 뜯어고치고, 이순신에게 신임을 받던 부하들을 모두 내쫓아 버렸다.

원균은 특히 이영남을 미워했는데, 전에 자기가 적에게 패했던 내용을 잘 알고 있다는 것이 그 이유였다. 이와 같이 어이없는 원균의 행동에 군사들의 마음이 흔들리고, 그를 원망하는 소리가 높았다.

이순신이 수군 통제사로 있을 때는, 한산도에 운주당이라는 집을 짓고 그 곳에서 밤낮으로 여러 장수들과 전략을 의논했다. 장수들뿐만 아니라, 말단 군졸들이라도 군사에 관해 하고 싶은 말이 있으면 아무 때나 면담을 요청할 수 있었다.

그렇게 하니 졸병들까지 군사적인 사정에 환하게 되고, 싸움터에 나갈 때는 모든 장수를 불러 계책을 묻고 전략을 세운 후에야 비로소 나가니 한 번의 패배도 없었던 것이다.

그런데 원균은 운주당에 애첩을 데려다 놓은 다음, 담을 높이 쌓아 사람의 출입을 막았다. 이렇게 되자 측근의 장수들도 그의 얼굴을 보기가 힘들었다. 원균은 술을 좋아해 취하지 않는 날이 없었다. 술에 취하면 원균은 괜한 매질로 군사들을 괴롭히곤 했다.

병사들은 두서너 명만 모이면 서로 귀엣말을 주고받았다.

"만약 적병이 쳐들어오면 도망가는 수밖에 없어."

장수들은 장수들대로 뒤에서 원균을 비웃으니, 통제사의 체통이 설 리 없었다. 따라서 그의 명령이 제대로 아래에까지 통할 수가 없었다.

바로 그런 때 적이 다시 쳐들어왔다. 고니시 유키나가는 이번에도 요시라를 김응서에게 보내 거짓 정보를 흘렸다.

"틀림없이 왜국의 배가 다시 쳐들어올 것이니, 그 때를 기다렸다가 수군을 풀어 단번에 쳐부수도록 하시오."

도원수 권율까지 그 거짓 정보를 그대로 믿었다. 게다가 이순신이 적을 눈앞에 두고도 나가 싸우지 않았다 하여 벌을 받은 것을 생각하자 잠시도 망설일 수가 없었다. 그래서 원균에게 즉각 출동하여 적을 쳐부수라고 독촉했다.

이순신이 적을 보고도 나가 싸우지 않았다고 헐뜯고, 또 그 때문에 이순신을 몰아 내고 그 자리를 차지한 원균으로서는 아무리 승산 없는 싸움이라도 거절할 구실이 없었다. 원균은 곧 배와 군사를 이끌고 출동했다.

그 때 해안 언덕 위에 있는 왜군 진영에서는 우리 배가 출동하는 것을 훤히 내려다보고, 그때 그때의 상황을 일일이 자기 본영에 보고했다. 적은 마치 손바닥 들여다보듯 우리 군사의 잘잘못을 꿰뚫어보고 있었다.

원균의 함대가 절영도에 이르렀을 때, 갑자기 풍랑이 일기 시작했다. 어느 새 날까지 저물어 배를 어디에다 댈지 몰라 허둥대고 있는데, 적선이 나타났다.

원균은 함대를 재촉하여 계속 앞으로 나아갔다. 하지만 수병들은 한산도에서부터 온종일 노를 저어 오느라 몹시 지쳐 있었다. 그런데다가 심한 풍랑은 배들을 멋대로 뒤흔들어 그렇잖아도 지친 몸을 가눌 수 없게 만들었다. 그런 우리 수군을 더욱 지치게 만들기 위해, 적들은 우리 배에 가까이 다가왔다가는 쏜살같이 달아나는 등 거짓 작전을 펼 뿐 좀처럼 싸우려 들지 않았다.

밤이 깊어 갈수록 바람은 더욱 사나워졌다. 그런 가운데 우리 배들은 사방으로 흩어져서 떠내려갔다.

원균은 가까스로 몇 척의 배를 거두어 가덕도에 다다랐다. 몹시 목이 말랐던 병사들은 다투어 배에서 뛰어내려 물을 찾아 마셨다.

바로 그 때, 섬 안에 숨어 있던 왜적이 나타나 일제히 우리 군사를 덮쳤다. 순식간에 4백여 명의 장병이 목숨을 잃었다.

그 와중에 배를 몰고 달아난 원균은 거제 칠천도에 이르렀다.

도원수 권율은 고성에 있다가 이 소식을 듣고 급히 공문을 보내 원균을 불렀다. 원균이 오자, 권율은 패전의 책임을 물어 곤장을 때린 다음 다시 나가 싸울 것을 명했다. 그러나 원균은 홧김에 술을 잔뜩 마시고 자리에 눕고 말았다. 여러 장수들이 다투어 그를 만나 전략을 의논하려 했으나 그는 자리에서 일어날 생각을 안 했다.

그날 밤, 적선이 쳐들어왔다. 원균의 군사는 크게 패하여 무너지고 말았다.

바닷가로 달아난 원균은 배를 버리고 언덕으로 올라갔다. 둔한 몸을 이끌고 헐떡이며 달아나다가 잠깐 가쁜 숨을 돌리는 사이에, 그를 호위하던 몇몇 군사들마저 어디론가 도망쳐 버렸다.

누군가는 그가 거기서 왜적에게 들켜 죽음을 당했다고 하고, 또 다른 누구는 거기서 용케 살아나 달아났다고도 하는데, 아무튼 혼자 남았던 그가 그 후 어떤 최후를 맞았는지는 알 도리가 없다.

전라 우수사 이억기는 싸우다가 안되자 바다에 뛰어들어 스스로 목숨을 끊었다. 경상 우수사 배설이 거느린 병사들은 다행히 화를 면했다.

전부터 배설은 원균의 전략의 그릇된 점을 들어 여러 차례 바꾸기를 간

했다. 이번에도 마찬가지였다. 칠천도는 섬 둘레가 좁고 물이 얕아 배를 부리기가 어려우니 다른 곳으로 옮기라고 했으나, 원균은 귓등으로도 듣지 않았다.

결국 배설은 배 몇 척을 풀어 적이 쳐들어옴직한 길목을 살피게 했다. 그의 예상은 적중했다. 마침내 적선이 보이자 그는 군사를 이끌고 재빨리 포구를 벗어나 화를 면했다. 한산도로 간 배설은 군사 시설, 관청, 양곡 등을 불태워 버리고, 남아 있던 섬사람들을 피란시켰다.

한산도를 쉽게 손에 넣은 왜적은 그 기세를 몰아 서쪽으로 나갔다. 그리하여 남해, 순천을 차례로 점령했다. 곧 서해를 거슬러 두치진으로 올라온 적은, 군사를 상륙시켜 남원으로 가서 성을 포위했다. 그로 인해 충청도와 전라도 지방 전체가 일시에 뒤흔들렸다.

임진년에 이 땅에 쳐들어온 이후 해전에서 번번이 패하자, 도요토미 히데요시는 이를 갈며 분하게 여겼다. 도요토미 히데요시는 고니시 유키나가를 꾸짖어, 무슨 수를 쓰든 조선의 수군을 꺾어 분을 풀어야 한다고 했다. 이에 고니시 유키나가는 요시라를 김응서에게 접근시켜 교묘한 계책을 써서, 마침내 이순신에게 죄를 뒤집어씌워 파면당하게 했다. 이어 원균을 바다 한가운데로 유인하여 무찌름으로써 마침내 숙원을 풀었던 것이다.

우리가 왜적이 노리는 그 간교한 그물에 걸렸으니 참으로 슬프고도 한심한 일이다.

통제사 이순신

이순신은 다시 삼도 수군 통제사가 되었다.

한산도에서 우리 군사가 크게 패했다는 소식에 조정과 백성이 모두 놀랐다. 임금께서 대책을 묻자 경림군 김명원과 병조 판서 이항복이 조용히 아뢰었다.

"이순신을 불러 다시 통제사로 삼는 수밖에 없습니다."

임금께서는 즉시 이를 허락했다.

그에 앞서, 도원수 권율은 원균이 패하여 달아났다는 보고를 듣고 곧 이순신으로 하여금 남은 군사를 수습하여 훗날에 대비하게 했다.

이순신은 군관 한 사람만 데리고 경상도에서 전라도로 들어갔다. 그리고 밤낮 없이 험한 산길을 걸어 진도에 이른 다음, 서둘러 군사를 수습하여 적을 막을 태세를 갖추었다.

이순신은 진도의 벽파정 아래에서 왜적을 크게 쳐부순 다음, 적장 마타시를 잡아 죽였다.

진도에 이른 이순신은 흩어진 배를 모았으나 병선은 채 10여 척이 안 되었다. 그 일대 바다에는 배를 타고 피란가는 백성들이 구름처럼 떠 있었는데, 그들은 이순신이 다시 왔다는 소식을 듣고 크게 기뻐했다.

이순신은 군사들을 보내어 그들을 불러들였다. 그런 다음, 그들에게 군사의 뒤를 따르도록 하여 우리 편의 군세를 돕도록 하였다.

왜장 마타시는 해전에 뛰어난 자였다. 그는 병선 2백여 척을 거느리고 서해를 짓밟아 나가려다가, 진도의 벽파정 아래서 이순신이 거느린 우리 수군과 맞닥뜨렸다.

이순신은 겨우 병선 열두 척에 대포를 나누어 싣고 있었는데, 빠른 조수의 흐름을 타고 화살처럼 물살을 가르며 들이치니 적이 당하지 못하고 달아났다. 그 후로 우리 수군의 사기는 크게 오르고 이순신의 이름과 위엄이 사방에 떨쳐지게 되었다.

그 무렵, 이순신의 휘하에는 이미 8천여 명의 군사가 모여 있었다. 이순신은 그들을 거느리고 고금도로 나가 진을 쳤다. 그리고 행여 많은 군졸을 먹일 군량이 부족할까 염려하여 뱃길을 통행하는 수첩을 만들어 놓고 영을 내렸다.

"공적인 일이건 사적인 일이건 가릴 것 없이, 삼도 연해를 드나드는 모든 선박은 통행증이 없을 경우 간첩선으로 간주하여 잡아들일 것이다."

그러자 피란을 가기 위해 배를 타고 나가던 백성들이 모두 와서 통행증을 받아 갔다. 이순신은 그 배의 크고 작은 차이에 따라 군량미를 받고 통행증을 내주었는데, 큰 배는 석 섬, 중간 배는 두 섬, 그 아래 작은 배는 각각 한 섬씩 받았다.

당시 난을 피해 배를 타고 바다로 나가는 사람들은 대개 집안이 그런대로 넉넉했다. 있는 재산과 양식을 몽땅 싣고 나왔으므로, 얼마 안 되는 군량미를 바치는 것쯤은 문제가 아니었다. 그들은 그것으로 안전하게 통행할 수 있는 증서를 주니 오히려 기뻐했다. 그런 식으로 열흘 남짓 통행증을 내주니 군량미가 1만여 석이나 모였다.

이순신은 또 백성들이 가지고 있던 쇠와 구리를 거두어다가 대포를 만들고, 나무를 베어 배를 만들었다. 그런 모든 일이 순조롭게 진행되었다.

이윽고 명나라의 수군 도독 진인이 우리 나라에 왔다.

그는 고금도로 내려가서 이순신의 수군과 합세하게 되었는데, 성질이 사나워 툭하면 남들과 다투는 일이 많아 모두 그를 꺼렸다.

임금께서는 몸소 청파의 들판까지 나가 남쪽으로 가는 진인을 전송했다. 나도 그 때 전송을 하는 사람들 사이에 끼여 있었다. 그런데 그는 내가 보는 앞에서 사소한 시비 끝에 고을의 수령을 끌어 내어 심하게 욕하고 매질했으며, 찰방 벼슬에 있던 이상규의 목을 오랏줄로 묶은 채 끌어 얼굴이 피투성이가 되게 만들었다.

참다 못해 내가 통역을 시켜 이를 즉시 말렸지만, 그는 들은 체도 하지

않았다. 나는 자리를 함께한 재상들을 돌아보며 탄식했다.

"안타깝게도 이번 싸움에서 이순신의 군사가 패하겠구려. 진인이 우리 통제사와 함께 있으면 서로 의견이 맞지 않을 것이 뻔하오. 그는 나아가 이순신의 권한을 억누르고 병사들을 자기 멋대로 부리려고 할 텐데, 이를 이순신이 거역하면 횡포를 부릴 것이요, 순종해 따르면 한없이 방자할 것이니, 그러고서야 그 군대가 이기기를 바랄 수 있겠습니까?"

모두들 내 말을 옳게 여겨 함께 탄식했다.

이순신은 군사들을 시켜 물고기를 낚고, 사슴과 돼지를 잡아 푸짐한 잔칫상을 마련해 놓고 진인을 기다렸다.

이윽고 진인의 배가 보이자, 이순신은 멀리까지 마중 나가, 그를 맞아들였다. 그리고 진인을 비롯한 명나라 군사들을 후하게 대접하니, 장수로부터 병졸에 이르기까지 모두들 만족스럽게 여겼다.

명나라 장수와 병졸들은 모두들 이순신을 가리켜 과연 듣던 대로 훌륭한 장수라고 칭찬했고, 진인 또한 흡족한 표정을 감추지 못했다.

진인이 고금도에 온 지 얼마 안 되어 적의 배가 나타났다.

이순신은 즉각 군사를 출동시켜 적을 쳐부수고, 달아나던 적병 40명의 머리를 베어 가지고 돌아왔다. 그리고 베어 온 그 적병의 머리를 진인에게 보내 전공을 그에게 돌렸다. 진인은 크게 기뻐했다.

그 후로 진인은 이순신을 함부로 대하지 못했다. 큰일이든 작은 일이든 처리하기 전에 이순신에게 물었고, 진 밖에 나갈 때도 가마를 이순신과 나란히 해서 타고 갔지 감히 앞장을 서서 가지 않았다.

이순신은 진인과 상의하여, 명나라 군사든 우리 군사든 조금이라도 백성들을 괴롭히는 자가 있으면 용서 없이 잡아다가 매를 쳐서 다스렸다. 그러자 섬 안의 기강이 하루아침에 잡혔다. 이를 지켜본 진인은 우리 임금께 글을 올려 이순신을 칭찬해 마지않았다.

'통제사 이순신은 천하를 경영할 만한 재주를 지녀, 위기에 빠진 나라를 능히 건질 만한 인물입니다.'

물러가는 적

남쪽 삼도를 짓밟았던 왜적이 드디어 물러갔다.

그 동안 왜적의 발길이 닿는 곳마다 집은 불에 타 재가 되었고, 백성들은 무참하게 죽어 갔다. 잔인하기 짝이 없는 적들은 우리 나라 사람을 잡는 대로 모조리 그 코를 베었다. 왜적이 직산 땅에 이르렀다는 소식을 듣고, 서울 장안 사람들은 미리 겁을 먹고 뿔뿔이 흩어져 달아났다.

명나라 장수인 경리 직책의 양호와 제독 마귀가 서울에 진을 치고 있었다. 그들은 평안도에서 5천 명, 황해도와 경기도에서 수천 명의 군사를 모은 다음, 그들로 하여금 한강 여울목을 지키게 하는 한편 창고를 단단히 지키게 했다. 물밀 듯이 올라오던 왜적은 경기도 경계에서 물러났다.

가토 기요마사는 울산으로 돌아가 머무르고 고니시 유키나가는 순천, 그리고 다른 적장 심안 돈오는 사천에 각각 진을 쳤는데, 그 이어진 진의 길이가 7, 8백 리에 달했다.

조정 대신들은 다투어 임금께 피란할 계책을 아뢰었다.

먼저 지사 신잡이 아뢰었다.

"전하, 영변으로 떠나십시오. 신이 일찍이 영변 병사로 있었기 때문에 영변의 사정은 누구보다 소상하게 알고 있습니다. 그 곳으로 가시면 다른 염려는 없는데 단지 간장과 된장이 없으니 그것을 미리 챙겨 가야 할 것입니다."

모두들 그 말을 듣고 소리내어 웃었다. 다시 다른 대신이 아뢰었다.

"그렇게 걱정할 것은 없을 줄 압니다. 시간을 끌다 보면 적들 스스로 지쳐서 물러갈 것이니, 그 동안 전하께서는 편안한 곳으로 가셔서 머무르십시오."

적에게 밀린 도원수 권율이 서울로 올라왔다. 임금께서 그를 불러들여 정세를 물었다.

"전하께서 서둘러 서울로 돌아오신 것이 잘못된 일인 듯합니다. 그대로 서쪽 땅에 계시면서 왜적의 동태를 살펴 움직이는 것이 옳았습니다."

권율이 대답했다. 피란하는 일로 조정이 이와 같이 시끄러울 때, 적이 다시 물러갔다는 소식이 들어왔다.

권율은 다시 경상도로 내려갔다. 대신들은 권율이 겁이 많고 지략이 없으니 도원수 자리에서 물러나야 한다고 말했으나, 임금은 허락하지 않았다.

12월, 수만 명의 기병을 거느린 채 경상도로 내려간 명나라군의 경리 양호와 제독 마귀가 울산에 있는 가토 기요마사의 군대를 공격했다.

울산군 동쪽 해변의 깎아지른 듯 험한 땅에 성을 쌓고 머물러 있던 가토 기요마사의 군대는, 양호와 마귀가 철갑으로 단단히 무장한 기병을 내몰아 별안간 기습을 가하자 많은 무기와 사상자를 버려 둔 채 바깥 성을 포기하고 내성으로 쫓겨 들어갔다.

적이 버려 두고 간 물건을 줍느라 정신이 없던 명나라 군사들은 더 이상 진격하지 못했다. 그 사이에 적병은 성문을 굳게 닫아 걸고 결사적으로 막아 낼 태세를 갖추었다. 일단 그렇게 되니, 그 후에 명나라 군사가 아무리 강한 공격을 해도 소용이 없었다. 이에 명나라군은 소규모의 부대를 편성한 다음, 사방에서 성을 에워싸고 성 밖에 진을 쳤다.

그런 상태로 13일이나 지나도록 성 안의 왜병은 꼼짝도 하지 않았다.

12월 29일, 경주에 있던 나는 울산으로 가서 양호와 마귀를 만나 보았다. 그런 다음 밖에 나가 적의 성루를 살펴보았는데, 사람이라곤 그림자도 없이 몹시 적적해 보였다.

성에는 성가퀴(몸을 숨겨 적을 공격할 수 있도록 성 위에 덧쌓은 낮은 담)도 쌓지 않고, 단지 사면으로 긴 통로를 만들어 놓고 군사들은 그 속에서 지키고 있었다. 그러다가 명나라 군사가 성 밑으로 다가가면 정신없이 총알을 퍼부어 댔다.

매일 그와 같은 싸움이 되풀이되다 보니, 명나라 군사는 물론 우리 군사들이 수없이 죽어 나갔다.

그러고 있는데, 가토 기요마사의 군대를 돕기 위해 적의 배가 서생포로부터 달려왔다. 그런데 그 배가 어찌나 많은지 마치 물오리 떼 같았다.

성 안에는 먹을 물이 딸려 적들은 밤이면 어둠을 틈타 성 밖으로 나와 물을 길어 갔다. 그 사실을 알고 양호는 김응서로 하여금 성 밖 샘터를 지키게 했다.

김응서는 몸이 날랜 군사들을 뽑아 밤마다 그 곳에 숨어 있다가 백여 명의 적을 사로잡았다. 적들은 하나같이 굶주리고 기운이 떨어져 가까스로 목숨만 붙어 있는 형편이었다. 그런 적의 몰골을 보고, 우리 편의 장수들은 조금만 더 에워싸고 있으면 적은 저절로 무너질 것이라고 생각했다.

그런데 때마침 날씨가 몹시 춥고 비까지 내리는 바람에, 군사들은 모두 손발이 동상에 걸려 고생이 많았다. 얼마 후, 바다에 있던 적들이 다시 육로로 치고 나오자 겁이 난 양호는 갑자기 철군을 명령했다.

이듬해인 1598년 1월, 명나라 장수들은 모두 서울로 올라와 다시 진격할 계획을 세웠다.

7월, 명나라 황제는 양호를 해임시키고 대신 만세덕을 경리 자리에 임명했다. 우리 임금께서는 명나라의 여러 장수 중 양호가 왜적을 무찌르는 데 가장 큰 힘을 썼다고 여겨, 좌의정 이원익을 명나라에 보내어 그를 복직시키려고 애썼으나 뜻대로 되지 않았다.

9월, 명나라 총독 군문 형개는 조선에 나와 있는 명나라 군사들을 다시 배치하였다.

마귀에게는 울산 지역, 동일원에게는 사천 지역, 유정에게는 순천 지역을 맡겼다. 그리고 진인은 바닷길을 지키게 했다. 이와 같이 군사들을 나누어 배치한 다음, 형개는 총공격하도록 명했다. 그러나 총공격은 실패로 끝났다. 특히 사천 지역의 동일원 부대는 가장 많은 사상자를 냈다.

마지막 싸움

명나라 도독 유정은 대군을 이끌고 순천 예교로 가서, 고니시 유키나가가 진을 치고 있는 성을 세차게 공격했다. 그러나 뜻을 이루지 못하고 물러나왔다가, 얼마 후 전열을 가다듬어 다시 공격했다.

그 때, 이순신은 명나라 장수 진인과 함께 그 일대 바다 어귀를 장악하고 적을 꼼짝 못하게 몰았다. 일이 급하게 되자, 고니시 유키나가는 사천에 있는 왜장 심안 돈오에게 구원을 요청했다. 심안 돈오는 곧 군대를 이끌고 바닷길로 해서 고니시 유키나가를 구하려고 달려왔다. 이순신의 수군은 배를 저어 나가 그들을 크게 쳐부수었다.

이순신의 수군은 그 싸움에서 적의 배 백여 척을 불태우고 수많은 적병을 죽이거나 사로잡았다. 그리고 남해의 노량 해역까지 달아나는 적을 쫓아갔다. 이순신은 화살과 총탄이 날아오는 가운데 몸소 뱃머리에 서서 군사를 지휘했다. 그러다가 날아온 적탄에 가슴을 맞고 말았다.

부하들은 서둘러 이순신을 부축하여 장막 안으로 들어갔다.

"지금은 싸움이 한창이니 군사들에게 내 죽음을 알리지 말라."

이순신은 그 말 한 마디를 남기고 숨을 거두었다.

이순신의 조카 이완은 기개가 있고 대담한 장수였다. 그는 이순신의 말대로 그의 죽음을 알리지 않고 북을 치며 싸움을 독려했다. 그 덕분에 군사들은 전혀 흔들리지 않고 적을 무찌를 수 있었다.

진인이 타고 있던 배가 적에게 포위되자, 이완은 재빨리 배를 몰아 적을 물리치고 그를 구원했다.

죽을 고비를 넘긴 뒤 진인은 이순신이 자기를 구해 준 줄 알고 사람을 보내 고마운 뜻을 전하다가 비로소 그가 죽은 것을 알았다.

진인은 그 소식에 놀라 자리에 앉았다가 땅에 몸을 던지며 소리쳤다.

"통제사가 죽다니, 이 무슨 날벼락 같은 소식인가!"

진인이 가슴을 치며 큰 소리로 통곡하자, 모든 군사들이 참았던 눈물을 흘려 주위는 곧 울음 바다가 되었다.

고니시 유키나가는 우리 수군이 다른 배를 추격하는 사이에 재빨리 뒤로 빠져 달아났다.

이 싸움이 있기 전인 7월, 도요토미 히데요시가 죽었다. 그러자 바닷가에 있던 적들은 진지를 허물고 물러가기 시작했다.

이윽고 이순신이 전사했다는 소식을 들은 우리 군사와 명나라 군사들은 모두 자기의 어버이를 잃은 것처럼 슬퍼했다. 진지마다 애통해하는 곡성이 끊이지 않았다. 백성들은 이순신의 영구가 지나가는 길마다 몰려나와 제물을 차려 놓고 통곡했다.

"우리를 살려 내시더니, 이제 우리를 버리고 어디로 떠나신단 말씀입니까?"

그러면서 백성들이 수레를 붙들고 우는 바람에 길이 막혀 영구가 지나가지 못할 정도였다.

조정에서는 이순신에게 의정부 우의정의 벼슬을 내렸다.

"바닷가에 사당을 지어 그의 충성스런 혼령을 받들어 모셔야 한다."

명나라 총독 군문 형개가 그와 같이 주장했으나 그 뜻이 이루지지는 않았다. 그러나 바닷가에 사는 백성들은 뜻을 모아 사당을 세운 다음, 그 이름을 '민충사'라 하고 해마다 제사를 지냈다.

그 후 장사꾼들과 고기잡는 뱃사람들이 그 곳을 지날 때면 반드시 제사를 지냈다고 한다.

이순신의 자는 여해요, 본은 덕수이다.

그 조상 중에 이변이라는 분이 있었다. 그는 벼슬이 판부사에 이르렀고, 성품이 강직하기로 유명했다.

이거는 이순신의 증조할아버지로 성종 임금을 섬겼다. 연산군이 동궁으로 있을 때 가르쳤는데, 지나치게 엄격하여 연산군에게 미움을 샀다. 사헌부의 장령을 지낸 때는 옳고 그름이 분명하여, 모든 벼슬아치들이 그를 두려워하여 '호랑이 장령'이란 별명을 붙였다.

이순신의 할아버지 이백록은 가문의 덕으로 과거를 치르지 않고 벼슬을 지냈으나, 아버지 이정은 벼슬에 뜻이 없었다.

이순신은 어려서부터 용기가 있고, 영특하여 막힘이 없었다. 나무를 깎아 활을 만들어서 친구들과 어울려 노는 것을 좋아했는데, 항상 대장 노릇을 했다. 대대로 문관을 지낸 선비 집안 출신이었으나, 이순신은 자라면서 특히 활을 잘 쏘아 무과를 거쳐 이름을 떨쳤다.

이순신이 권지훈련원 봉사라는 벼슬을 하고 있을 때였다.

병조 판서 김귀영이 자기 소실에게서 낳은 딸을 이순신의 소실로 주려고 했다. 하지만 이순신은 이를 탐탁치 않게 여겼다.

사람들이 그 까닭을 물으니 그가 단호하게 말했다.

"나는 벼슬길에 들어선 지 얼마 안 되었는데, 만약 권세 있는 집안과 인연을 맺는다면 출세를 꾀한다는 인상을 줄 수 있지 않겠는가!"

훈련원에 병조 정랑 서익과 친한 사람이 있었다. 서익은 순서를 무시하고 그 사람을 승진시키려고 했다. 그 때 훈련원의 장무관이었던 이순신은 그 일이 옳지 못하다고 주장했다.

화가 난 서익은 이순신을 불러 뜰에 세워 놓고 호통을 쳤다. 그러나 이순신은 겁내거나 두려워하는 빛이 없이 자기 생각을 이야기했다. 서익은 크게 노하여 발을 동동 구르며 윽박질렀으나, 이순신은 조금도 기죽지 않고 주장을 되풀이할 뿐이었다.

서익은 그 성품이 불 같은데다가 고집도 여간 센 사람이 아니었다. 그래서 동료들도 그를 꺼려 맞서려고 하지 않았다. 그런 서익을 상대로 물러서지 않는 이순신을 보고 훈련원의 하급 관리들은 서로 돌아보며 혀를 내둘렀다.

"감히 병조 정랑에게 대들다니, 앞길은 조금도 생각지 않는 사람이로군."

해가 지도록 이순신의 당당한 태도가 수그러들지 않자 서익은 어쩔 수 없이 그를 돌려보냈다.

그런 일이 있고 난 후로 이순신의 사람됨이 차츰 알려졌다.

이순신이 원균의 모함으로 옥에 갇혔을 때였다. 감옥을 지키는 옥리가 이순신의 조카 이분에게 귀띔을 했다.

"뇌물을 쓰면 풀려 나올 수 있을 것입니다."

조카에게서 그 말을 들은 이순신은 크게 노하여 나무랐다.

"나더러 도리에 어긋난 짓을 해서 구차하게 목숨을 이으란 말이냐? 만약 죽게 되더라도 죽으면 그뿐이다!"

이순신의 성품은 그렇게 강직했다.

그는 잘 웃지 않는데다가 말수가 적었다. 그리고 그 모습이 단아하여 마치 선비와 같았다. 하지만 그는 매우 담력이 큰 사람이었다. 그가 자기 몸을 돌보지 않고 나라를 위해 목숨을 바친 것은 늘 몸과 마음을 다스려

수양을 쌓은 결과였다.

이순신에게는 희신과 요신 두 형이 있었다. 하지만 둘 다 일찍 죽자, 그 조카들을 친자식같이 길렀다. 결혼시키는 것도, 먼저 조카들을 보내고 나서 자기 자식들에게 신경을 썼다. 이순신의 사람됨이 그와 같은데, 수명이 길지 못하여 백 가지 재주 가운데 한 가지도 제대로 펴 보지 못하고 죽었으니 참으로 안타까운 일이다.

통제사 시절, 이순신은 밤에도 갑옷을 벗은 적이 없었다. 스스로 마음이 해이해지는 것을 막기 위해서였다.

견내량에서 오랫동안 적과 대치하고 있을 때의 일이었다.

그날 밤은 달빛이 대낮같이 밝았다. 우리 편의 배들은 모두 닻을 내린 채 쉬고 있었다.

역시 갑옷을 입은 채 북을 베고 누워 있던 이순신이 갑자기 벌떡 일어났다. 그는 부하들에게 술을 가져오게 하여 한 잔 마신 다음, 여러 장수들을 불러 다음과 같이 지시했다.

"그 동안 적은 달이 없는 어두운 밤을 골라 습격해 왔다. 하지만 오히려 오늘 같은 달밤에 우리가 마음을 놓고 있는 틈을 노려 공격해 올 수도 있다. 그러니 각별히 경계하여 한 치의 허술함도 보여서는 안 될 것이다."

그런 다음, 이순신은 모든 배의 닻을 올리게 하는 한편 척후선을 내보내 적의 동정을 살펴보게 했다.

얼마 후, 적의 동정을 살피러 갔던 병사가 숨을 헐떡이며 돌아와 이순신에게 보고했다.

"장군, 적의 배가 새까맣게 몰려오고 있습니다!"

달이 서산으로 넘어가기 직전이었는데, 적선은 산그림자가 드리워져 있는 어두운 구석으로 몰려오고 있었다.

이순신은 적선이 더 가까이 다가오기를 기다렸다가 일제히 대포를 쏘고 함성을 지르게 했다. 뒤를 이어 우리 편의 배가 쏜살같이 적선을 향해 달려 나갔다. 비로소 우리 편이 만반의 태세를 갖추었음을 안 적은 감히 가까이 오지 못하고 조총만 쏘아 댔다. 하지만 적의 총알은 모두 바다로 떨어졌다.

이윽고 적들은 더 견디지 못하고 달아나 버렸다. 그 일이 있은 후로 여러 장수들은 이순신을 귀신같이 신통한 장수라고 했다.

작품 알아보기
(고전 문학)

〈**임진록**〉은 임진왜란을 소재로 한 고소설이다. 임진왜란이라는 역사적 사실을 재구성한 작품으로, 현실에서는 패배한 전쟁의 역사를 허구 속의 승전사로 꾸며 놓음으로써 정신적인 보상을 의도한 작품이다.

내용은 대략 세 부분으로 구성되어 있다. 작품의 첫머리에는 전쟁 발생 배경에 관한 이야기가 나오고, 중간 부분에는 왜란 당시 활약한 장수와 관리들의 모습을 그렸다. 결말 부분에는 전쟁이 끝나고 난 뒤의 수습 활동에 대한 모습이 그려져 있다.

이 작품은 또한 임진왜란을 통하여 체험·전승된 전쟁 설화가 오랜 구전 과정을 거치면서 문자로 정착된 것으로, 임진록군을 형성하여 다시 변화를 거듭하면서 많은 이본을 낳은 것으로 추정된다. 〈흑룡록〉·〈흑룡일기〉·〈님진록〉 등의 제목으로 한글본과 한문본 등 40여 종의 이본이 전한다.

〈**징비록**〉은 조선 중기 문신 유성룡의 임진왜란 수기이다. 1592년(선조 25년)에서 1598년까지 7년간의 얘기로, 저자가 벼슬에서 물러나 한가롭게 생활하면서 저술한 것이다. 저자의 손자가 외손 조수익에게 부탁하여 1647년(인조 25년) 간행하였다.

'징비'라는 말은 《시경》〈소비편〉의 '미리 징계하여 후환을 경계한다'라는 구절에서 인용한 것이다. 임진왜란 이전의 대일외교 관계 및 임진왜란의 원인과 전황을 상세하게 기록하여 임진왜란의 중요한 사료와 연구자료가 되고 있다.

논술 길잡이
(고전 문학)

❶ 아래 그림은 〈임진록〉에 나오는 것들이다. 그림을 연결하여
   그 줄거리를 간단히 써 보자.

....

....

....

....

....

논술 길잡이
(고전 문학)

❷ 〈임진록〉에는 이순신이나 신립 등의 역사적 인물이 나오는 가 하면, 최일영이나 관우 등의 허구적 인물이 나오기도 한다. 〈임진록〉에 나오는 사실적인 면과 허구적인 면을 분류하여 써 보자.

❸ 〈징비록〉에는 임진왜란의 원인과 전쟁 상황이 자세하게 묘사되어 있다.
특히 이순신 장군에 대해 자세히 언급되어 있는데, 〈난중일기〉를 읽어 보고, 유성룡과 이순신의 공통점에 대해 써 보자.

논·술·한·국·대·표·문·학 〈전60권〉

펴 낸 이   정재상
펴 낸 곳   훈민출판사
주   소   경기도 고양시 덕양구 원당동 416번지
대 표 전 화   (031)962-3888
팩   스   (031)962-9998
출 판 등 록   제395-2003-000042호